新 视 界

始 于 未 知　　去 往 浩 瀚

投资力

INVESTMENT POWER

于智超·著

投资技战术 与 商业管理逻辑

上海远东出版社

图书在版编目（CIP）数据

投资力：投资技战术与商业管理逻辑 / 于智超著.
上海：上海远东出版社，2025. -- （投资新视界丛书）.
ISBN 978-7-5476-2081-6

Ⅰ. F830. 59

中国国家版本馆 CIP 数据核字第 2024QE2980 号

出 品 人 曹　建
责任编辑 季苏云
封面设计 徐羽心

投资新视界丛书

投资力：投资技战术与商业管理逻辑

于智超　著

出　　版　**上海遠東出版社**
　　　　　（201101　上海市闵行区号景路 159 弄 C 座）
发　　行　上海人民出版社发行中心
印　　刷　上海颛辉印刷厂有限公司
开　　本　890×1240　　1/32
印　　张　9. 875
插　　页　2
字　　数　180,000
版　　次　2025 年 1 月第 1 版
印　　次　2025 年 1 月第 1 次印刷
ISBN　978 - 7 - 5476 - 2081 - 6/F · 752
定　　价　78. 00 元

前　言

　　《三十六计》是中国古代经典的兵法计谋集锦，共三十六个计谋，按照内容分为六套，即胜战计、敌战计、攻战计、混战计、并战计、败战计，计策的术语均来自《易经》中的阴阳变化之理，以及古代兵家主客、刚柔、奇正、攻防、彼己、虚实等要素。《三十六计》语源于南北朝，成书于明清。它是根据中国古代将士提炼出来的军事思想和亲身经历的丰富的实战经验总结而成的经典兵书，是中华民族悠久历史中宝贵的非物质文化遗产之一。

　　《孙子兵法》有云："兵无常势，水无常形。"做投资无疑于打一场战争，对于股权投资来说尤其如此。三百六十行，每行又有不少细分领域，投资机构不可能雇佣大量具备专业科班背景的投资经理。人无完人，那些学习金融财务的投资前台人员们也不能仅依赖商业逻辑来预判企业的发展。河边走多了，难免把鞋搞得湿漉漉的，搞不好鞋丢了，人也掉到河里去了。

投资公司也是企业，只不过企业性质是投资而已。投资公司与投资标的的博弈从第一次见面就已经注定了，不决生死，却决高下，讲究的是估值、投资金额、退出条件、对赌协议等。事关真金白银，投资公司经验再丰富，实力再雄厚，也不得不谨慎行事。在投资之前，双方是站在对立面的竞争对手；投资之后，尽管与投资标的的团队有了更紧密的联系，但并不意味着双方就完全成了无保留的合伙人。"害人之心不可有，防人之心不可无"，城堡往往因为自家人坑自家人而被攻破，合伙人未必真的是你的贴心人。

萌生写作关于投资战争的念头，是因为笔者见过太多的虚伪和欺诈行为。不管是被投企业粉饰财务报表，还是隐瞒其过去的历史遗留问题；不管是自己委托撰写的虚假研报成为尽职调查报告的参考文献，还是有人假扮客户来下大订单以骗取信任。凡此种种，历历在目，一不留神，必然翻车。钱从投资机构手里到了被投企业的账户，那真的就是失控了，笔者还碰到过拿到投资款就把投资人微信删除、手机拉黑的创业者。各种奇葩创业者层出不穷，人性之恶体现得淋漓尽致，为了拿到足够多的资金延续"庞氏骗局"，拉黑之后又短暂和好也未尝可知。没有永远的朋友，只有永远的利益，认可这种价值观的人在投资圈中也比比皆是。

打铁还需自身硬，如果总想着坑害别人，最终只会害了自己。没有人能永远保持胜利，也没有谁能做了坏事不留下蛛丝马迹。不过也有些人通过精心策划，将自己的责任撇得一干二净。他们不是法人代表，财务经理是自家亲戚，销售采购骨干都是自己家人，哪有什么现代化企业制度的影子，妥妥的家族企业。在出事之后立马迈出六亲不认的步伐，该出逃就出逃，该赖账就赖账，反正就是不还钱。事实上，他们也根本没钱可还。

投资机构在这类创业者眼中，类似于大灰狼眼中的小白兔，你还想着靠大灰狼狐假虎威，大灰狼早就想着把你吃干抹净，做成兔毛帽子和红烧兔头了。

投资江湖万千事，灰飞烟灭一念间。本书带诸位走进没有硝烟的资本江湖，看看那些不为人知又骇人听闻的身边故事。

特别声明：对于本书案例中的公司，请勿对号入座。如有雷同，实属巧合。不管怎么说，还是虚构。

限于作者水平，书中差错与不当之处在所难免，请大家批评指正。

于智超

2025 年 1 月于北京

目　录

前言　　　　　　　　　　　　　　　　　　　　001

第一章　纸上硝烟出现只因协议烧了　　　　　001
　　"对赌协议"验证实控人赌性坚强　　　　003
　　竞业禁止协议保证企业不会闪崩　　　　013
　　行情不好，反稀释条款威力无穷　　　　022
　　随售权抓住实际控制人的"小辫子"　　　031

第二章　破产重整的坑太多　　　　　　　　039
　　大股东占用资金，投资国外不明资产　　041
　　掩护产品研发或新的盈利增长点　　　　048
　　要债的是"孙子"，欠债的是"爷爷"　　054
　　尴尬的纾困基金被困真要命　　　　　　061

第三章　小投资公司之殇　　　　　　　　　069
　　抢投资份额的弱势群体借势发力　　　　071
　　投资机构拓宽 FA 业务　　　　　　　077

抱好大腿的跟投基金兴起 086

转型 S 基金偷鸡会成功 093

第四章 基金真的没那么好管 101

累死人的募资 103

卷死人的投资 110

愁死人的投后 118

困死人的退出 125

第五章 投资人秉持的几个悖论 135

喜欢跟着风口走的人最容易栽跟头 137

跨界转型大概率会互利共赢 146

粉饰过多的项目反制投资人 152

独角兽份额抢到手，是机遇还是陷阱 159

第六章 未来的百亿老板脸长什么样 169

不是你该赚的钱千万不要赚 171

能忽悠得了你，就能忽悠得了下一轮投资人 180

众人拾柴"抬轿子"，捧出百亿估值 186

拿订单换逆推机会 193

第七章 谁也逃不过的 IPO 变数 201

产品借海外需求灭杀竞争对手国内市场 203

撤材料不全是财务造假，多报几次也未必能上市　　210

通过 SPAC 避免对赌违约　　217

竞争对手下黑手，报废多年心血　　224

第八章　市值管理对谁负责　　231

从股东到业务层面给壳公司大换血　　233

赔钱赚吆喝，逼自己也逼对手　　240

做烂的市值谁受益了　　247

想做大市值，多跟一级市场投资人谈谈　　254

第九章　企业的败局根源在创始人　　263

创始人和投资者都抵抗不了的攻心计　　265

商战打垮异军突起的竞争对手　　272

团队可走可留，企业必须是铁打的营盘　　279

打不过就换赛道重新上市　　286

附录一　《三十六计》原文　　295

附录二　名词解释　　299

后记　　304

第一章

纸上硝烟出现
只因协议烧了

协议是最不靠谱的约束，因为只有投资标的不具备确定性才会用协议条款进行约束。对投资人而言，一是自己可以对LP（有限合伙人）免责，二是可以图个心理安慰，体现出风控过关。协议作废被撕毁是常有的事情，不过对于但凡有点诚信的企业家而言，协议是一种压力也是动力，激励自己把身家性命押上去，尽全力带领自己的企业活下去，并且发展起来，扛过一个又一个未知的风险。从这个角度来看，协议的震慑和鼓励作用还是存在的。

　　协议中有一些常见的条款虽毫不起眼，却能在关键的时刻让企业易主，让团队数十年的努力化为泡影。趁你生病要了你的命，不要考虑不可抗力，但要想到极端情况，不能因为急着要钱，许下不可能完成的承诺。

　　企业家自我麻痹，盲目乐观地给自己"画饼"，这种心理暗示若连投资人在内都相信，那将十分危险。当然，这里并非鼓励大家成为"不主动、不承诺、不拒绝、不负责"的渣企业家。相反，我们应当成为有担当、有梦想、懂实干、讲规矩的优质创业者，投资人不在协议条款上挖坑就是最大的仁慈了。

"对赌协议"验证实控人赌性坚强

《三十六计》之"胜战计"，包括瞒天过海、围魏救赵、借刀杀人、以逸待劳、趁火打劫、声东击西。第一计瞒天过海，原文是：

> "备周而意怠，常见则不疑。阴在阳之内，不在阳之对。太阳，太阴。"

意思是准备特别周全了就容易懈怠，凭借经验主义就容易丧失戒心，虚虚实实，实实虚虚，貌似公开透明的事情其中可能隐藏着不为人知的诡计。

　　按语　阴谋作为，不能于背时秘处行之。夜半行窃，僻巷杀人，愚俗之行，非谋士之所为也。如：开皇九年，大举伐陈。先是弼请缘江防人，每交代之际，必集历阳，大列旗帜，营幕蔽野。陈人以为大兵至，悉发国中士马，既而知防人交代。其众复散，后以为常，不复设备，及若弼以大军济江，陈人弗之觉也。因袭南徐州，拔之。

　　投资故事里有不少类似的例子，十句话中有九句话是真的，但偏偏那句假话是关键所在，它足以导致整个投资逻辑因这个关键点而崩溃。对赌能够规避掉此风险点，但也有投资机构容易被关键点利用，误认为万无一失，结果反受其害，掉进坑里。

　　《全国法院民商事审判工作会议纪要》理解与适用规定，对赌协议又称估值调整协议，是指投资方与融资方在达成股权性融资协议时，为解决交易双方对投资标的未来发展的不确定性、信息不对称以及代理成本而设计的包含了股权回购、金钱补偿等对未来目标公司的估值进行调整的协议。从签署对赌协议的双方主体来看，有投资人与投资标的的股东"对赌"、投资人与投资标的的实际控制人"对赌"、投资人与投资标的的"对赌"等形式。从字面意思上来看，对赌就是捉对打赌，企业喊得出"拍脑袋"想出来的估值，既然找不到强有力的依据，又有可能兑现不了未来的承诺，那就需要在现有的估值逻辑上给投资人一个交代。如果赢了，还则罢了；如果亏了，那就得照陪不误。

据传，2011 年，宁德时代曾毓群创业之初，在办公室挂了一幅字，写着"赌性坚强"。笔者相信，曾毓群此处所指的"赌"，是指与命运赌明天，与过去赌未来，肯定不包括与投资人赌业绩和上市时间。

股权投资协议里面，对赌是摆到明面上的商务条款，在成长期的 B 轮及后续融资轮的投资项目中，除非该项目是行业中的佼佼者，或是含着颠覆性技术出生的"黑马"，否则基本都得接受并签署对赌协议或相关条款。正所谓"客大欺店，店大欺客"，在优质投资标的面前，再有钱的投资人也是"小弟"，乙方的位置是坐定了；反过来，在强大的国家级基金、本行业龙头 CVC（企业风险投资）或者知名基金面前，大多数创业者是愿意敞开心扉接受其投资的，只要能够对企业长远的经营有利。为了达成合作，他们不但可以接受压低估值，还愿意谈对赌协议。然而，下面这个故事讲的则是另一类强势的创业者。

万里公司属于固态电池类新能源科技企业，固态电池被认为是未来锂电池行业的终极形态。尽管这是一项前沿技术，但该团队却汇聚了各大锂电池厂的技术骨干与管理高层，他们的深厚资历为这一创新注入了强大动力。尤其是王总，曾经是大集团公司的核心高管。在投资机构眼中，这个百人团队聚集到一个公司，该公司的估值就能够达到 20 亿元。毕竟技术的沉淀和团队的组成实在是一个独角兽公司的必备要素，所以在万里公司面前，找不到优质资产投资的投资者们纷纷涌入，挤破头也要挤进 A 轮融资，挤不进那就来个 A＋轮融资，再不行半年后再来个 B 轮融资。宁可让 A 轮投资进去的投资人赚到 50% 以上浮盈，也不愿意放过这个确定性较强的潜在拟上市标的公司。

　　原因当然还有几个，首先，固态电池代表着未来，虽然万里公司成立时间不长，但是假设其发展迅猛，也有可能赶超同类竞品公司，而且它估值便宜，市场上同样的团队估值已经过百亿了。其次，天使投资人梁总是业内知名大咖，在公司占比超过 25%，梁总投资过数十家成功的同类行业公司，靠他投资过的产业链，也能够让万里公司迅速在业内站稳脚跟。再次，万里公司聘请的顾问也是重量级人物，他们已经有相关方面的论文成果。这些成果严格意义上来说属于科技成果转化项目，不投它的话似乎有点不明智。此外，某地方政府也是万里公司的股东，承诺给予工厂代建、税收优惠、人才补贴等各种支持，还给了 5 000 万元不用偿还的研发启动资金奖励。最后，在诸多知名投资机构涌入的情况下，大家已经失去理智地认为互相背书就能够降低风险，谁也不用担责。

　　于是乎，只要敢跟万里公司团队谈对赌协议的投资机构都被关在门外，对行业高度深耕且有诚意的投资机构都急不可耐地接受了万里公司高层提出的苛刻条件，相信以这批业内人士的身价和口碑，不可能出幺蛾子来对付投资机构。万里公司前几轮一共融资了近10亿元，在路线跑偏之后，最终没能按照计划研发出合格的固态电池。因为无论万里公司还是万里公司的实际控制人和股东都没有与投资机构签署对赌协议，实缴资本也仅仅是用投资机构的注资填充了1 000万元。在技术路线被证明完全失败后，团队也树倒猢狲散，团队通过制定薪酬制度拿到了高工资，并且没有任何对赌责任，破产清算草草了事。留下一堆投资机构打下牙往肚里吞，不但损失了投资业绩，投资项目经理和合伙人也都出现了职业历史上最大的污点，想着怎么跟LP们交代。

后来，投资人才知道这是一个连环局，起因是被某知名上市巨头内部排挤离职的高管王总，看到市场资本对优质企业的积极性，便萌生了组建所谓"超级创业天团"的念头。靠着在行业圈子里面的人脉，拉着一群师弟、师妹、师兄、师姐，以及其他公司里杰出的高管和骨干，在某地方政府的强力招引之下，顺势而为进行落地，得到了大量的资金和资产支持，在微小阶段竟然还拿到了地方商业银行的授信。至于天使投资人梁总，是被拉来站台的，王总跟梁总本来就是同乡发小，有足够强的信任关系，当然核心还是利益。王总给梁总许诺了股份以及现金收益，所以才有了上述投资惨案的发生。

"惨案"中的王总是最清楚来龙去脉的一方，他吐露的也正是十句话里面那最关键的一句假话。梁总也是在利益和信任的驱使下做出站台的举动，其余人都被蒙在鼓里，都以为王总真的是想攒出一个大局，旨在成功打造一家固态电池企业，带领大家上市登顶，为实现财富小目标而奋斗。各个创业团队成员本来也以为自己能够有所作为，想要尝试在新的技术路线上发力。同时，由于能享受到比原来高一倍的薪资和股权激励，他们都或多或少作为"从犯"，对发展过程中遇到的关键问题节点进行了不同程度的隐瞒。

最终，不过黄粱一梦，化为泡影。

上述案例是一个极端例子，属于三十六计中的第一计——瞒天过海，创业者以非正常手段，骗了一个又一个，最后无责任收获最大的果实。投资机构仍要树立防范意识，因为眼见也未必为实。对于早期企业，绝不能懈怠。投资项目负责人为了免责，也不能急于求成，而应保持冷静和耐心。同时，对于业界权威也应保持警惕审慎的态度，始终将风险控制放在第一位。不要因一时的疏忽既丢了职业生涯的面子，又损失了宝贵的资金。

为什么说企业消费的都是投资机构的信任呢？因为在资金零投入或者极少投入的情况下，大多数创业者并不把投资人的钱视为施舍或恩惠，而是将其视为"赌"的行为。他们认为资本是通过自己的能力和策略来争取到超额收益的工具，所以即使自已把投资人的钱亏得底儿掉，也没有任何愧疚之心。正因为如此，投资人也更应该对投资有敬畏之心，对拿投资人的钱不当回事儿的创业者，或者只愿意投入人力和精力的创业者，敬而远之为好，因为不知道博傻的最后一棒是否就被你抓到手里了。

　　巴拉巴拉科技服务公司是一家做团餐的公司，老板小宋总重点大学哲学系毕业后没找到工作，去著名的厨师学院进修了几个月，回来后到亲戚家幼儿园当大厨，紧接着就承包了食堂，由此作为发家起势的试点。那段时间，全国生育率还没有下降，大城市的幼儿园入园名额紧张，许多民营幼儿园应运而生。巴拉巴拉公司抓住了历史机遇，迅速将几个大片区的幼儿园团餐长期服务订单捏到了手里。小宋总仗着自己的英语口语水平好，善于与老外打交道，还拿下了几个国际幼儿园的团餐订单。

　　学哲学的高材生市面上本来就少见，放下身段去做厨师创业的更是凤毛麟角，这一特殊的经历被早期投资人老汪看到了。老汪常年游走在年轻创业者中间，自己的孩子也在私立幼儿园，经常听到孩子说家里的饭没有学校的饭好吃。出于好奇，他跟着孩子尝了一下校园餐，虽然对成年人来说略显清淡，但是营养搭配均衡，适合不同年龄段的幼儿成长。老汪经过与幼儿园园长、周边居住的朋友们交流，发现周边国际幼儿园竟然都由巴拉巴拉公司提供餐饮服务。

经过幼儿园园长介绍，老汪跟小宋总见了一面。

老汪看着小宋总厚厚的眼镜片后面清澈不失狡黠的眼神，问道："小兄弟，现在的公司跟你学的哲学不搭界，不是太浪费你的聪明才智了吗？"

小宋总点点头说："一般都是衣食无忧的家庭才学文史哲，就我当时不听劝，选了当时最爱的黑格尔，后来发现黑格尔对我的意义就是让我发现了生命之美在于它的不可预期，存在即合理。"

小宋总喝了口水接着说："现在为祖国的下一代提供茁壮成长的物质养分，为人类灵魂的工程师提供教书的物质食粮，与有荣焉。"

老汪更加欣赏小宋总了，说道："你这口才，可以忽悠不少投资人，不只是为了情怀，我发现你的管理也挺有现代化特色，不是哲学那种天马行空，走哪算哪的感觉。"

小宋总说："管理人和管理企业其实有异曲同工之妙，我只有让自己保持良好的生活习惯，形成良好的生活规律，才能形成保持身体健康的生物钟体系。企业需要营造积极向上的文化氛围和精确高效的管理体系，才能最大限度地减少错误。通过培养习惯使之成自然，员工们接受了企业为其量身定做的'习惯课程'，在工作中就会形成自然而然的行为模式，甚至可以说是条件反射。这不仅体现在保持厨房卫生方面，还体现在预防厨房切割伤和火灾风险方面，比如养成炒菜、盛菜时佩戴手套和头套的习惯，这些已成为员工在客户面前展现的基本职业素养。"

"谁不想让自己的孩子吃得好一点儿呢？"小宋总反问道，"难道你不想吗？"这句略显挑衅的话让老汪瞬间燃起了冲动，像是赶海人本来是要下海捞章鱼，随手捞起来一只蚌，还能无意间开出来一颗宝贵的珍珠，立刻心痒痒起来。

巴拉巴拉公司的流水特别好，账期也非常合理，创立初始就形成了正现金流，所以不想要股权投资进入，认为这样会消耗掉早期创始人的股份。老汪可是个不到黄河心不死的"老油条"，摆摆手说："你先别着急，我是跟你有对赌的。"

修过金融第二学位的小宋总知道对赌的风险，笑着说："我本来就不想要你的钱，你还跟我对赌，要约束我拿鞭子抽我，那我可真的更不敢要了。"

老汪急了，说道："你别着急，我是为你好。我们现在设定一个对赌，现在你的营业收入是 2 500 万元，我给你投 3 000 万元，按照估值 1 亿元计算，占你巴拉巴拉公司 30% 的股份。假设你在未来一年内把营业收入做到 1 亿元，那我就奖励你 5%，如果你在未来一年半内营业收入能做到 2 亿元，我就再奖励你 5%。当然，如果你不能完成，我也不会惩罚你给我股份，你看这样是不是很有吸引力呢？"

小宋总盘算了一下公司的战略规划，感觉完成任务绰绰有余，便答应了这个看似对赌其实只对自己有利的方案。

重赏之下必有勇夫，小宋总没日没夜地组建团队、拓展市场、研发菜品等，也招了几个得力的干将，并且没有吃独食，愿意把奖励按照一定比例分给团队。老汪看到小宋总是个懂得分享的人，感觉更靠谱了，便不遗余力地把所有的资源都注入巴拉巴拉公司，也没有拿公司一分钱工资，主打一个赋能。

最终，巴拉巴拉公司在一年半内营业收入达到了 2.3 亿元，业务拓展到职业技术学院、小学和初高中，老汪也遵守承诺将 15% 的股份奖励给了小宋总的团队。巴拉巴拉公司的估值升到了 10 亿元，老汪的投资在一年半的时间里，从 3 000 万元增值到了 2 亿元，翻了 6 倍多。

蛋糕太小的时候，即使你占到了 100% 也没有多少；蛋糕增长成巨大体量时，即使你只有 10%，也能保证你衣食无忧。对赌的意义不是让企业倒闭，也不应被视为投资人为了逃避责任所制定的条款。它本质是一种机制，旨在将压力转化为创始人的动力，激励创始人更加努力地经营企业，同时也促使投资人竭尽全力地为企业赋能。

又想马儿跑，又想马儿不吃草，投完资金就躺平坐享其成，一定不是一个合格的投资人，资本和企业一定是共同奔赴诗和远方的好搭档。

竞业禁止协议保证企业不会闪崩

《三十六计》之"并战计"，包括第二十五计偷梁换柱、第二十六计指桑骂槐、第二十七计假痴不癫、第二十八计上屋抽梯、第二十九计树上开花、第三十计反客为主。第二十七计假颠不痴，原文是：

> "宁伪作不知不为，不伪作假知妄为。静不露机，云雷屯也。"

意思是宁可假装不知道，按兵不动，装傻充愣，沉着应对，静待时机，就像迅猛的惊雷隐藏起来，蓄势待发。

按语　假作不知而实知，假作不为而实不可为，或将有所为。司马懿之假病昏以诛曹爽，受巾帼假请命以老蜀兵，所以成功；姜维九伐中原，明知不可为而妄为之，则似痴矣，所以破灭。兵书曰："故善战者之胜也，无智名，无勇功。"当其机未发时，静屯似痴；若假癫，则不但露机，且乱动而群疑。故假痴者胜，假癫者败。或曰：假痴可以对敌，并可以用兵。宋代，南俗尚鬼。狄青征侬智高时，大兵始出桂林之南，因佯祝曰："胜负无以为据。"乃取百钱自持，与神约，果大捷，则投此钱尽钱面也。左右谏止，傥不如意，恐沮师，青不听。万众方耸视，已而挥手一掷，百钱旨面。于是举兵欢呼，声震林野，青亦大喜；顾左右。取百丁（钉）来，即随钱疏密，布地而帖丁（钉）之，加以青纱笼，手自封焉。曰："俟凯旋，当酬神取钱。"其后平邕州还师，如言取钱，幕府士大夫共祝视，乃两面钱也。

从投资角度来看，竞业禁止协议属于假痴不癫计的典范。在企业之间，商业间谍属于不太常见的，最常见的是那些"身在曹营心在汉"的在岗人员，不管是有意泄露，还是为了跳槽做准备，潜伏下来都会是第一步。就人性而言，人往高处走，水往低处流，为了更高的职位和薪酬水平，人员流动是非常正常的，不过该留下的专利技术一定要留下，不能带走的也尽量不让其带走，就是对现有企业最大的保护。

竞业禁止协议就是约束上述行为的一条重要规则。《劳动合同法》第二十三条规定："用人单位与劳动者可以在劳动合同中约定保守用人单位的商业秘密和与知识产权相关的保密事项。对负有保密义务的劳动者，用人单位可以在劳动合同或者保密协议中与劳动者约定竞业限制条款，并约定在解除或者终止劳动合同后，在竞业限制期限内按月给予劳动者经济补偿。"第二十四条规定："竞业限制的人员限于用人单位的高级管理人员、高级技术人员和其他负有保密义务的人员。竞业限制的范围、地域、期限由用人单位与劳动者约定，竞业限制的约定不得违反法律、法规的规定。在解除或者终止劳动合同后，前款规定的人员到与本单位生产或者经营同类产品、从事同类业务的有竞争关系的其他用人单位，或者自己开业生产或者经营同类产品、从事同类业务的竞业限制期限，不得超过二年。"

《最高人民法院关于审理劳动争议案件适用法律若干问题的解释（四）》第六条规定："当事人在劳动合同或者保密协议中约定了竞业限制，但未约定解除或者终止劳动合同后给予劳动者经济补偿，劳动者履行了竞业限制义务，要求用人单位按照劳动者在劳动合同解除或者终止前十二个月平均工资的30%按月支付经济补偿的，人民法院应予支持。前款规定的月平均工资的30%低于劳动合同履行地最低工资标准的，按照劳动合同履行地最低工资标准支付。"第八条规定："当事人在劳动合同或者保密协议中约定了竞业限制和经济补偿，劳动合同解除或者终止后，因用人单位的原因导致三个月未支付经济补偿，劳动者请求解除竞业限制约定的，人民法院应予支持。"

公司高管和骨干离职带来的必然是对现有公司业绩沉重的打击，甚至公司有可能因此而倒闭。法律就是法律，不能因为道歉就免除对违反竞业禁止协议者的惩罚，这是为了维护企业可持续经营的能力，就像母基金遴选子基金管理人时所采用的对关键人的约束条款一样。假设团队的关键人员都离开了，那么当时选择子基金管理人的逻辑便不存在了，选择优秀的团队来管理资金是遴选的初衷，否则基金管理会变得一塌糊涂。虽然基金对关键人一般不会有竞业禁止协议限制，但在获取母基金资金时，会有明确规定，例如，当数名关键人离职后，母基金有权选择终止出资，并可以要求基金清算等。其实，投资跟实业是有异曲同工之妙的。

　　雷霆公司是一家国有企业，主要做军用和民用的雷达等高科技产品，主要领导和骨干能够对应体制内的级别，也就是说，可以按照行政级别去地方政府挂职甚至任职。雷霆公司存续时间较长，在中华人民共和国成立初期就生产相关产品，不但在技术积累上实力雄厚，在市场拓展方面也毫不逊色。其产品除了在国内占有一席之地，在国际市场上也广受好评。但是级别不能作为市场化效益下按劳分配的依据，公司仍按照"大锅饭"的方式对骨干员工和销售冠军进行奖励分配，即使销售额超过几千万，销售科长也只能获得 5 万元的奖励；至于产品，即使再出彩，再令客户满意，研发人员也无法获得相应的奖金。

　　由于是老牌国企，管理层只是靠行政级别来约束相关技术人员和销售人员，并没有意识到竞业限制的重要性。员工们也属于温水煮青蛙，没有跳出国有企业的想法。刚开始，大家并没有觉得有问题。突然，某一年，这个领域涌现了一批民营公司，开始高薪挖人，甚至不惜给出比雷霆公司现有薪资高十倍的薪酬，外加可观的公司期权，这彻底打破了雷霆公司以往平静的经营状态。

人心不稳，队伍不好带了。雷霆公司便向上级求救，对现有国企进行现代企业制度改革。新来的总经理张总一上任便意识到雷霆公司的产品能够在世界上崭露头角，是因为有一批科技人才和销售人才。在上上下下秘密考察走访调研了半年之后，公司聘请律师制定了严格缜密的文件，让每个高级管理人员和高级技术人员签署了竞业禁止协议，保护公司的知识产权不被外界效仿，防止这批管理和技术人员在未来跳槽到竞争对手阵营后，可能对公司业务产生的负面影响。

临时抱佛脚当然不好使，不愿意签署竞业禁止协议的员工大有人在，谁也没想到竞业禁止协议仅仅是引子。

张总开始展开雷霆攻势，针对不想签署协议的骨干和管理层逐一谈话。他一一揭露了这些人在日常工作中对关键信息不注意保密、以售卖技术等形式出卖公司利益、偷偷将核心技术拷贝带走私藏、在外面干私活为竞争对手"打黑工"等不当行为。张总晓之以情，动之以理，承诺会推出员工持股计划，并在权限范围之内最大限度地给予市场化薪酬，同时尽快启动上市计划，让大家能够合理合法变现。经过张总的一番努力，整个队伍终于稳定下来。通过汇报员工的离职情况，张总为自己和核心管理层骨干争取到了相应的激励措施。这可谓一举多得，雷霆公司吸引人才的能力越强，留住员工的可能性就越大，核心人员也在这次变革中得到了实惠。

在整个体系中，雷霆公司变成了改革急先锋，吸引了体系内其他公司前来考察学习，从而让所有满足条件的体系内企业的市场化程度迈上了一个新台阶。

雷霆雨露，尽是天恩；威逼利诱，皆为手段。假痴不癫计其实是为了保住公司业务的先进性，不能因为核心人才的流失而导致核心技术的转移，也不能因为核心销售高管的离去而破坏原有销售渠道的关系。在公司利益面前，一定是以抵制外敌入侵为终极目标。能留下有价值的员工就尽量留下，做生不做熟；实在留不下的员工也让他付出代价，让其他观望的骨干产生畏惧感；同时，还要将市场化激励进行到底，让员工们产生归属感。

对于竞业禁止协议签署非常严谨的科技公司，任何投资机构都是相当欢迎的。当然，在投资机构眼中，那些没有签署过竞业禁止协议或者对此类协议缺乏认知的公司，也有可能成为投资机构投过的同业公司挖人的潜在对象。善恶一念之间，如果你没保护好核心员工，没有给予适当的激励，那么就要尊重市场规则。别抱怨你之前投入研发新技术度过了关键阶段，却仍然遭遇了大规模离职的情况。商业利益有时体现了人性，甚至凌驾于商业道德之上，但企业逐利、资本逐利的本质是无法改变的，只能"既要防住贼偷，也要防住贼惦记"，需要用法律的手段来震慑，用严谨的法律条款来约束。

　　宽容不了一点儿科技公司是一家做精密汽车电子的企业，在行业内属于中游水平。庙虽然不大，老板黑总的架子却不小，他自恃是科技工作者出身，对知识产权的外泄深恶痛绝。因此，公司要求所有入职人员都要签署竞业禁止协议，不管是技术骨干，还是销售出身的骨干，甚至连每天递送材料的办公室主任也不例外。迫于黑总的压力，这些一路追随他十几年的兄弟们也没想跳槽去别的公司，便各自签署了"不平等条约"。

　　果不其然，闹出了官司。陶某（原告）此前入职宽容不了一点儿公司（被告）担任高级工程师，入职之前没有确认有签署竞业禁止协议的义务，入职之后为了维持工作的稳定，与公司签订了保密和竞业限制协议。双方约定，自离职之日起，陶某应于每月 25 日前向公司提交就业信息、个人基本情况等资料；若陶某违反协议约定的保密、竞业限制义务，应该承担相应的违约责任；违约金额为陶某离开公司上一年度工资总额的 10 倍，在保密和竞业限制协议后面，附有竞业限制企业名单。

因为黑某的极端无理取闹和抠门，陶某感觉自己跳入了巨大的火坑，每天心理上都承受了极大的压力。在一次又一次地被苛责之后，陶某愤然提出了辞职，宽容不了一点儿公司按约支付陶某竞业限制经济补偿，共计 17 100 元。

宽容不了一点儿公司的人力资源部、法务部找到陶某面谈，结果当然是不欢而散。

后来，宽容不了一点儿公司认为陶某违反协议约定的竞业限制义务，申请劳动仲裁，要求陶某支付违约金 1 900 000 元。经仲裁裁决，陶某要向宽容不了一点儿公司一次性支付违约金 1 900 000 元。陶某表示不服仲裁裁决，向当地人民法院提起诉讼。

法院经审理认为，用人单位只有切实证明劳动者出现竞业限制协议的禁止性行为时，才能向劳动者主张竞业限制违约责任。本案中，宽容不了一点儿公司不能举证证明陶某存在竞业限制期内入职与原用人单位具有竞争关系的用人单位等违反保密和竞业限制协议的禁止性行为，同时，陶某也入职了一家不在保密和竞业限制协议附件中的企业，由此可推断，即便陶某未能按时依约履行相关汇报义务，也无法直接据此认定他违反了保密和竞业限制义务。因此，当地初级法院一审判定，支持陶某有关无需向被告支付违约金 1 900 000 元的诉讼请求。一审判决后，被告宽容不了一点儿公司提起上诉，当地中级人民法院驳回上诉，维持原判。

虽然宽容不了一点儿公司在条款上进行了限制，但是并没有遵守"谁主张，谁举证"的原则，因此不能随意地对陶某提出索赔要求。

当地时间 2024 年 4 月 23 日，美国联邦贸易委员会（Federal Trade Commission，简称 FTC）发布声明，全面禁止所有员工（包括高级管理人员）签署新的竞业禁止协议。对于现有的竞业协议，高级管理人员（处于"政策制定职位"的人，且年薪超过 151 164 美元，约人民币 109 万元）的现有竞业协议仍然有效，其他员工的现有竞业协议则在规定生效日期后不再强制执行。

不过，据路透社报道，原定于当地时间 2024 年 9 月 4 日生效的规定，被美国联邦法官推翻了。因为法官裁定美国联邦贸易委员会越权，因此相关规定的实施时间遥遥无期。关于竞业禁止的限制协议一直处于争议状态，有的说是保护了知识产权，有的说是限制了人类科技进步的发展，不管怎么说，美国的做法至少说明对错都会由时间来证明。截至目前，我们国家的法律还是支持竞业禁止的。

《中华人民共和国劳动法》规定竞业限制制度，其目的是平衡保护劳动者的择业权与用人单位的经营权，谋求劳动者自主择业与市场公平竞争之间的最大公约数，构建公平、合理、有序的良性市场竞争环境。员工在入职某家公司时，一定要"走一看二想三"，不能为了急着找工作就接受苛刻的条件，以免在未来离职时留下后遗症。有些企业也确实不讲武德，竞业限制补偿金与违约金之间的金额差额巨大，怎么看都像是想从离职员工那里收回之前发放的全部工资，甚至还有种要靠索赔来维持企业经营，大赚一笔的感觉。因此，我们必须睁大眼睛，学会看协议条款，这也是保护自己的必要手段。

行情不好，反稀释条款威力无穷

《三十六计》之"并战计"，第三十计反客为主，原文是：

"乘隙插足，扼其主机，渐之进也。"

意思是先成为主人家的客人，在主人遇到困难的时候，先保护好自己的权利，逐渐取而代之。

按语 为人驱使者为奴，为人尊处者为客，不能立足者为暂客，能立足者为久客，客久而不能主事者为贱客，能主事则可渐握机要，而为主矣。故反客为主之局：第一步须争客位；第二步须乘隙；第三步须插足；第四足须握机；第五乃为主。为主，则并人之军矣；此渐进之阴谋也。如李渊书尊李密，密卒以败；汉高视势未敌项羽之先，卑事项羽。使其见信，而渐以侵其势，至垓下一役，一亡举之。

从投资逻辑来说，约定反稀释条款就是反客为主计的最佳体现，投资人在看中了企业实际控制人对企业的掌控权以及看好企业发展前景的前提下，作为小股东加入时，首先不能让自己的利益受损，其次再等待时机出现，抓住机遇，取代企业的实际控制人，或者扩大股权比例获取更大的利益。

反稀释条款又称反摊薄条款，是参照西方优先股制度设计的一种保护机制，是投资人在发现标的企业下一轮投资人依据的估值价格低于自身投资时的估值时，可以要求标的公司实际控制人或者其他股东予以自己各种形式的补偿。完全棘轮条款和加权平均条款是反稀释条款的主要表现形式。完全棘轮条款是以投资人后一轮融资的发行价重新计算前一轮投资人的持股数量，在此不考虑后一轮新股发行数量，这一条很严苛，可以更好地保护前一轮投资人的权益。而加权平均条款则是按照加权平均价格重新计算前一轮投资人的持股数量，要考虑后一轮融资新股份的发行价，还要考虑后一轮融资的发行数量，该种价格调整方式更为容易被投融资双方所接受。其中，加权平均条款有广义加权平均和狭义加权平均之分，两者的区别是计算权重时除了投资标的在各轮融资中发行的股份之外，是否还需考虑融资前的股本（理论上还包括认股权、团队期权等）。

　　比如，根据《程沸龙等与北京互联创业投资合伙企业（有限合伙）合同纠纷（2021）京 03 民终 11017 号）》的判决，投资人在对企业的投资协议可以约定此条款，标的公司在合格IPO（首次公开募股）或挂牌前决定引进新投资人或采取其他任何行动导致摊薄投资人在标的公司中的股份比例，且如果该等新股的每百分比股权单价低于投资人每百分比股权单价，而标的公司又无法对投资者进行补偿时，现有股东应当以零对价或法律允许的最低对价向投资人转让其对标的公司持有的股权，以使得转让该等额外股权后，投资人对其持有的标的公司股权权益所支付的平均每百分比股权单价相当于新低价格。因此，标的公司已有股东将按照各自持有的公司股权占现有股东共计持有的公司股权比例，或另行约定的股权转让比例向投资人转让补偿股权。由此可见，反稀释条款是保护投资人利益的，它能够限制创始人在不顾前几轮投资人利益的情况下与下一轮投资人达成协议。

　　持股比例的多少直接影响到股东的知情权、话语权和控制权。如果能在董事会中持有一个董事席位，那么就能对企业产生一定的影响力。然而，如果仅仅是小股东，那么利益就有可能被大股东们切割掉、放弃掉，苦果只能自己吞掉。因此，才有了反稀释条款的限制，下面讲一个利用反稀释条款反吞大股东的例子。

　　电皮公司是新能源汽车产业电机、电控的供应商，创业之初就对自己融资提出了标准，只能引入车厂客户作为战略投资人。实际控制人楼总的理念是，世界上的知名车厂都是大厂，作为创业中的中小型企业，只要抱住了一个大腿，后面的市场销路就不用发愁了。公司发展壮大之后再分散给其他各大车厂供货，也不会出现上市前对大客户过度依赖的问题。本着这个理念，楼总积极寻找熟悉的车厂进行背书和投资合作。

　　毕竟是初创公司，创始团队虽然在技术领域有重大的突破，但是车厂的投资和业务口基本属于风险隔离的状态，投资部门投出的项目未必能够得到业务部门的认可，业务部门推荐的项目确实属于优质项目，投资部门领导反而会比较重视。在车厂里面，投资不属于主营业务，或者说只是为了"强链、补链、延链"附属的战略部门。业务部门才是主导赚钱的重点部门，所以原则上只要说服业务部门未来看好本企业，就能在投资部门那里上得了案头。

　　偏偏楼总没有意识到这个关键问题，他先找的是车厂的投资部门，因为投资部门的领导是他的发小。虽然业务部门认为电机的技术也有可取之处，但是未必适合现在给车厂供应的电池生产厂商。于是双方出现了分歧，投资部门的领导是跟车厂董事长一条线的，是本地派，又碍于对发小的情面和信任，便开始强推该项目。最终在业务部门作为顾问投委投出有条件同意的情况下，顺利完成了对电皮公司的投资，投后占比25%。业务部门认为需要在投资协议中加上一条"在半年后，下一轮投资人投资电皮公司时，不能够低于本轮投资的两倍估值，否则电皮公司实际控制人及所有股东同意，用实际控制人所持股份将该车厂的股权比例补偿调整为51%"，这个条款属于反稀释和对赌条款的综合版本，并且还要求各关键人签署了竞业禁止协议，否则将予以巨额赔偿。

反稀释条款要求非常苛刻，但是楼总信心爆棚认为自己有战略股东的进入，又有发小在车厂里面撑腰，未来订单前景可期。有了资金又有了未来稳定的订单预期，他坚信收入和估值肯定能实现指数级的增长，于是便同意了这条他们认为没有可能发生的条款。

天算不如人算，投资款打进来不久，车厂董事长因为违反党纪国法被采取"双规"措施，与之相关的人员也受到了调查和整顿，包括投资部的负责人也被协助调查，可以说是树倒猢狲散。虽然投资款已经支付给设备方，供应链采购也收到了货款并准备向电皮公司供货，但由于这笔款项涉及未知风险，导致使用过程中遇到了诸多不顺。因此，楼总被牵扯进大量时间和精力，疲于应付，最终现金流跟不上，也不可能找到 2 倍于本次融资的估值投资方。一方面原因是业内人士都知道该车厂投资了电皮公司，也都知道该车厂发生的问题，所以不愿意蹚这一滩浑水；另一方面原因是即使财务投资人不了解内情，在电皮公司业务没有明显起色的情况下，也接受不了在半年内估值翻两倍这种过度高估的情况，所以财务投资人也无法进场。

最终的结果是，楼总不得不遵守之前的条款，将 51% 的股权转让给了车厂投资方。原本归属电皮公司的专利技术也拱手让人，签署了竞业禁止协议的关键人也顺理成章转为国企下属员工，各种机制都变得更加保守，对于团队创业的初衷而言，可以说是灭顶之灾。

上面故事中的反稀释条款比较极端，遇到的事情也属于不可抗力范畴，只是这种不可抗力不被法律所认可而已。主客逻辑跟笔者前文讲的甲乙方转变类似，如果是极为优质的科技创业公司，它才不管你这些条款，你爱来不来，反正我前景乐观现金流旺盛，要不要股权投资的钱都没问题。但是对于极度渴望资本和客户的创业企业而言，有个客户或者股东的大腿可以抱，至少可以少奋斗十年，希望在股权层面深度绑定它们，这样无论对下一轮融资的估值还是对现实业务的推进，确实都有真实的好处。创业者的身价也相应地水涨船高，团队的稳定性和凝聚力也会有所增强，干劲十足才是创业企业应该有的风貌，战略投资人的加入如同一剂强心针，在创业最艰难的时候可以为企业家们提振士气。

一级市场的反稀释其实类似于在二级市场呼吁的保护中小投资者利益，旨在避免大股东利用掌控的话语权做出对中小投资者不利的行为，从而造成伤害。在很多情况下，反稀释条款也会带来极大的压力，比如在 IPO 暂停，一级市场不再热烈积极，投资人持观望态度；比如在二级市场市盈率普遍下降，引发一级市场估值逻辑的重构；再比如，企业家心气儿很高，既不想降低估值来融资，又死撑着不愿意补偿给前一轮投资人，最终把自己耗得灯尽油枯，不得不委身于人。

大头机器人公司是一家专注于企业服务软件的公司，在创业初期，朱小健作为典型的理工男，对融资理念一窍不通，也没想过小股东的股权会带来纠纷。他组建了一支由老同学和老同事构成的团队，主要研发巡检机器人项目。

起初，大家都是利用简陋的工具和电脑完成硬件、软件的模拟工作，并逐渐得到了之前积攒的客户资源的认可。团队觉得到了需要外部股权投资的时候了，此时正好朱小健的远方表叔朱老七找上门来。朱老七家里有矿，手头也有些闲钱想拿出来做投资。因为与朱老板是亲戚，知根知底，朱老七觉得朱老板从海外顶尖院校博士留学归来，在国内知名的企业做过项目负责人，有一定的项目管理和产品研发经验。在深入了解机器人行业的前景之后，他便决定投资1000万元，以此换取10%的股份，并争取到了一个董事席位。后续又有两轮投资人分别按照估值3亿元和7亿元投资进入，朱老七在这两轮也分别追加了投资，并且签订的投资协议中有反稀释条款规定。另外两个投资方各自要求了一个董事席位，董事增加到7名，其余4名是以朱小健为首的管理团队。

出于好奇和担心，朱老七认为自己出了这么多钱，公司就要对自己的钱负责，花多少都需要知会自己。他开始对公司的日常管理指手画脚，在董事会上的发言也非常不着调。由于认知和文化存在着巨大的差异，各种不合理的管理理念和研发理念都被传导给公司核心人员。朱老七还想让自己高中毕业的女儿进来管财务，理由是她高中数学学得不错。

虽然大家都不会听取朱老七的意见，可是大头机器人公司的团队开始逐渐厌烦一个外行指导内行的环境，并表示如果再这样插手就离职而去，因此团队也跟朱老七吵了几次架。因为朱老七是朱小健的表叔，只能朱小健自己去处理。公司希望他能协调朱老七老股的退出事宜，朱老七看到蒸蒸日上的公司，觉得放到上市后退出一定会赚到更多钱，便坚决不愿退出。

随着巡检机器人的问世，它在市场上并未激起波澜，第一代产品也没能得到主流客户的认可。大头机器人公司按照 10 亿元融资的计划书在市场上徘徊一年多，始终没有投资机构对其感兴趣。在公司剩下的钱只能发员工几个月工资的时候，终于有一家投资机构愿意出资 2 000 万元，但是要求估值必须与一年前的 Pre-A 轮相同，也就是 3 亿元，并且希望按照 1 亿元估值获取部分老股。其他两位投资人都同意了，反而纸面财富赚得最多的朱老七坚决不同意。

他认为这轮投资人是跟所有人暗中勾结，意图占便宜。在他的思维里，他已经盘算着下一轮融资估值 15 亿元，自己的财富会再度暴涨。基于这样的心理预期，他在董事会上投了反对票。

按照董事会的约定，接受新的融资只需多数票通过即可。在没有达到心理预期结果的第二天，朱老七就起诉要求管理层赔偿自己 3 亿元至 7 亿元之间的损失。这场官司闹得沸沸扬扬，不管结果如何，都吓退了本轮投资人。最后拖来拖去，大头机器人公司连员工工资都付不起了，朱老七的 1 000 万元也因此打了水漂。这属于真真正正的贪得无厌，没能见好就收。

故事讲得很极端，请勿对号入座。对于股权投资而言，在不能变现之前，所有的收益都是纸面财富，只能暗地里给自己壮壮胆，实际上这钱根本取不出来。更别提如果哪天被投的企业经营不善，自己的投资可能会损失殆尽。

　　企业的生存是第一位的，在能拿到投资的时候尽量去多拿，不要等到困难想要用钱的时候才想起来去放低身段融资。金融行业更多的是锦上添花，雪中送炭的事情比较少见，企业要认识到金融的本质。金融服务实体经济，是通过不同金融工具来实现的，同时也要看企业本身所具备的资质。债权融资尤其注重这点。

　　股权融资更多地是放眼未来，关注的是企业本身的产品技术含量和市场容量，以及企业能够脱颖而出的可能性。既然是风险投资，就一定有风险，只要风险能够在可以控制和容忍的范围内，相应的股权投资机构都有可能出手。不管你的账上有多少资金，这个时候的雪中送炭感觉很强烈，不要忽略掉股权投资也是需要回报的事实。因此，这些钱并非白给，而是用以换取一家成长性很强的公司的股权，并通过并购或者独立上市获取更高的风险投资收益。

随售权抓住实际控制人的"小辫子"

　　《三十六计》之"攻战计"，包括第十三计打草惊蛇、第十四计借尸还魂、第十五计调虎离山、第十六计欲擒故纵、第十七计抛砖引玉、第十八计擒贼擒王。第十八计擒贼擒王，原文是：

"摧其坚，夺其魁，以解其体。龙战于野，其道穷也。"

意思是抓主要矛盾、抓主流，摧毁敌人的主力，抓住领头人。一旦抓住领导，队伍很快就会崩溃瓦解，形势急转直下，向有利于己方的方向发展。擒贼擒王这个词语源于唐代诗人杜甫的《前出塞九首·其六》："挽弓当挽强，用箭当用长。射人先射马，擒贼先擒王。"

按语　攻胜，则利不胜取。取小遗大，卒之利、将之累、帅之害、攻之亏也。全胜而不摧坚擒王，是纵虎归山也。擒王之法，不可图辨旌旗，而当察其阵中之首动。昔张巡与尹子奇战，直冲敌营，至子奇麾下，营中大乱，斩贼将五十余人，杀士卒五千余人。迎欲射子奇而不识，削蒿为矢，中者喜，谓巡矢尽，走白子奇，乃得其状。使霁云射之，中其左目，几获之，子奇乃收军退还。

从投资的角度分析，投资人只要能够通过协议约束来抓住实际控制人的把柄，就能保护自己的既得利益，至少避免遭受损失。在被投标的里，与持股最多、话语权最强、利益最大的一方站在一起，肯定不会吃亏，至少优先于其他股东得到厚待，可以提前变现或者脱困，否则实际控制人也不可能善罢甘休。主要原因是非上市公司的股份流动性不强，如果有变现套利的机会，投资人一定要把握住。

随售权条款（Tag-along）是出售权条款中的一种形式，又被称为"共同出售权（Co-sale）"，往往是投资协议中必备的条款之一，通常约定当作为实际控制人的大股东在有条件出售其股权时，小股东有权选择以相同价格和同等条件向受让大股东股权的买方出让自己的股权，如果买方不购买自己的股权，那大股东也不能卖出，即"跟随"大股东一起出售股权。不过，随售权也并非没有任何限制，在投资协议中往往会约定小股东不得行使随售权的例外情形，通常不触发随售权行使的例外情形包括如下情况：（1）如因不可抗力、法院判决、仲裁、继承或慈善捐赠等客观原因须由大股东向第三方转让部分股份的。（2）为履行投资协议或为公司利益进行股权出售或整合，如股权激励需要的转股，关联方之间的股权重组等。（3）不影响大股东控制权的股权出售，至少保持相对控股的情况。（4）标的公司内部股东转让股权等。这些情况往往经过双方律师的文本拟定，最终会得到投资方的同意。我国公司法中并没有对随售权进行明确约定，但是在第八十四条规定了"公司章程对股权转让另有规定的，从其规定"，意思大概为随售权是公司股东之间的约定，只要这种约定不损害其他第三方的利益，原则上就是有效的。

　　万物互联公司是一家专注人工智能大模型的公司，正处于除了算力之外最热门的赛道。其核心创业团队由毕业于世界名校和国内名校的青年科学家和技术人员组成，阵容豪华，无论降临到哪个投资人面前，都足以让人眼前一亮。于是，大批知名投资机构纷纷下场抢份额，估值再高也挡不住投资人想要一战成名的念头。因此，万物互联公司短短三个月内开启了两轮融资，估值翻了两倍，融了数亿美元的资金，各投资机构在天使、A轮、B轮之后占比还没有达到10%。不过，股权设计存在一定的问题，由于三个创始人孙一、张二、赵三都是某校校友，上学时就是好朋友，所以在创立公司之初是按照30%：30%：30%的比例划分了三方股权，还有10%是给团队的股权激励和后面投资人的占股比例。在神级企业的光环下，众多投资机构爱屋及乌，反而认为这种铁三角的股权模式是非常稳定的，在尽职调查过程中也觉得三位创始人情比金坚，兄弟齐心，其利断金。创业团队在专业投资顾问的帮助下，也确实对随售权做了规定，但是随售权只默认锁定了其中一个股东即董事长孙一。

　　国际科技龙头东特斐乐公司也发现了万物互联公司的崛起，并在考察后发现，万物互联公司的产品竟然突破了东特斐乐公司数千名国际顶级研发人员都没能攻克的技术难关，便萌生了将万物互联公司收购为旗下大事业部或子公司的想法。然而，按照陡然崛起的估值来看，要花很大的代价才能将万物互联公司买下，便委托说客私下找到张二和赵三沟通，希望通过挖人的形式减少直接收购公司的资金支出，将他们俩以及各自的核心骨干挖到国际大公司旗下，还向他们承诺了东特斐乐公司的大量股票期权，称可以迅速流动变现。张二、赵三在发现自己并未被锁定的情况下，有买家开出大价钱，又不影响入职 M 公司得到子公司的高管职位，且还能够获得流动性的股票，确实可以让他们迅速致富。

由于三人是校友，非常讲究同校情谊，于是他们决定找到孙一商量。然而，这三人的品德都有点问题，又对财务投资人没有好感，认为他们都是吸血鬼，只会利用他们的聪明才智博取资本收益。三人商量了一个方案，既能拿到东特斐乐公司的股权，短期内又能在万物互联公司进行更深入的研究，将研究的成果作为未来加入东特斐乐公司的投名状，谈个更好的筹码出来。基于信任和对各自隐私的了解，三人私下达成了协议，张二、赵三利用随售权中"标的公司内部股东转让股权"时不被行使的漏洞，将各自持有的 60% 股权都转让给了孙一，并带着还没有申请专利的研究成果到了东特斐乐公司，东特斐乐公司公开给了张二、赵三超额的股票期权和薪酬奖励。自然，张

二、赵三已经与孙一私下签订了抽屉协议，将这些股票期权的收益权无偿赠送给了孙一。在这些事情做完后，坑投资机构之旅便走到中途，孙一开始疯狂拓展客户。尽管产品并不成熟，但公司在全球范围内都设置了办公室，表面上是要拓展潜在客户，为产品走向市场做准备。实际上是疯狂花钱，一是要耗光投资机构的投资款，二是让估值不断抬高，然后卖老股。

在获得世界级人工智能挑战赛奖项后，万物互联公司迎来了又一次融资的高光时刻。本轮融资孙一不但宣布增资，还宣布了可以搭售老股改善生活，并且要求投资人更多的是财务投资人，选一个战略投资人作为领投方。选来选去，他们找了东特斐乐公司的竞争对手西特斐乐公司来做领投，最终将自己的股权比例再度降低到 30%，估值翻了两倍。根据"不影响大股东控制权的股权出售，至少保持相对控股的情况"下，随售权不被触发，孙一不但在老股上获得了变现，而且还顺利降低了持股比例。当然，在不违背法律的情况下，孙一对张二和赵三做出了承诺，表示未来将以赠予的形式给二位补偿。

孙一的操作变得愈加疯狂，他不但遣散了一些团队核心骨干，还大肆在毫不相关的投资上挥霍资金。经过半年的折腾，他终于把钱花光了。在估值如此高的情况下，没有哪个投资机构愿意接下"博傻"的最后一棒。最终风光无限的万物互联公司开始破产清算，前面投入重金的投资机构血本无归，现在换成了投资经理们去万物互联公司门口静坐要说法，然而，背后的说法又岂是他们能够了解的。孙一也成功脱身，在半年后以顾问的名义加入了东特斐乐公司的研究院，实质上又开始与张二、赵三开始了合伙人之旅。

随售权总的来说确实保护了中小投资者的权益，看似是与大股东绑定了，其实里面隐藏着许多陷阱。遇到不良创始人，他们什么招式都能想得出来。人们经常说家里的锁防的是君子不是小偷，小偷想要使坏自然能随时快速开锁，在公安局备案的开锁公司是不能随便给你开锁的。最怕的是内外勾结，在外部并购方看来，成本控制非常重要，省下来的资金可以用于研发、挖人或者购买设备，为什么一定要去购买知识产权很快被更新迭代的创业公司股权，除非创业公司内部的稳定性超乎想象，否则很容易就从内部瓦解了。

这个故事非常极端，把人性的恶与投资协议的漏洞结合起来，又把并购买卖双方的心态做了分析。对于涉世未深的年轻人而言，创业无疑是一条充满机遇与挑战的道路，值得尊敬与追求。同时，在大平台的助力下，他们也能更好地施展才华。关键在于，这些创业者对财务投资人抱有一种既需要又排斥的心理，甚至可以说，他们鄙夷这些只靠资本投入就企图从他们身上赚取超额收益的行为。正是这种心态，导致了上述设计和

结果的发生。在现实生活中，财务投资机构的投后管理也是个
"伪命题"。除了能够在每个季度看到被投企业的财务报表，在
股权比例较小的情况下，别说往企业派投资总监，甚至连个董
事席位都拿不到，根本不知道企业经营遇到了什么困难或者变
化，想帮忙或者预警都无从下手，得到消息的时候为时已晚，
钱都打了水漂。

第二章

破产重整的坑太多

但凡上市公司有一口气能喘，实际控制人也不会把它卖掉。上市不容易，如果不是实在喘不上气了，极少有实际控制人挂牌卖出的。过去，上市公司的产业结构并不算健康，大批的建筑行业、装修行业、落后产能企业都陆续登录 A 股市场，经过这么多年的大浪淘沙，大环境也发生了很多变化，不少上市公司面临着退市保壳的困境。还有一批上市公司主营业务没有发生太大问题，陷入泥潭的原因是实际控制人按捺不住自己的野心，在上市之后不知道用了什么牌子的洗发水，头发带动着头脑都开始飘起来了。

　　在自信心爆棚的情况下，智商自然就变得比较低，喜欢听别人忽悠，然后付诸行动，甚至不惜投入资金。不管什么样的资产，他们都认为到手装入上市公司就是好资产。自己长了金手指，确实能够变废为宝，在二级市场讲个夸张又离奇的故事，就能完成市值管理的工作，殊不知自己挖的坑需要自己掏钱出来填。如果填不满，那就得请别人来帮助自己填，顺便把自己也放到坑底作为交易对价，把多年辛苦上市的壳公司拱手让人。

　　月球表面的坑很多，可怕的是那些位于暗面、难以被观测的坑。

大股东占用资金，投资国外不明资产

《三十六计》之"敌战计"，包括第七计无中生有、第八计暗度陈仓、第九计隔岸观火、第十计笑里藏刀、第十一计李代桃僵、第十二计顺手牵羊。第七计无中生有，原文是：

"诳也，非诳也，实其所诳也。少阴、太阴、太阳。"

意思是凭空捏造，没有的东西偏偏说有，骗得大家一愣一愣的。

按语　无而示有，诳也。诳不可久而易觉，故无不可以终无。无中生有，则由诳而真，由虚而实矣，无不可以败敌，生有则败敌矣，如：令狐潮围雍丘，张巡缚嵩为人千余，披黑夜，夜缒城下；潮兵争射之，得箭数十万。其后复夜缒人，潮兵笑，不设备，乃以死士五百砍潮营，焚垒幕，追奔十余里。

从投资角度看来，这种情况太多了。满嘴跑火车的上市公司实际控制人比比皆是，再加上本身上市公司数量就不多，在大家眼中，通常只有行业的翘楚才能够上市。出于对权威的敬畏和从众心理，很多人对其言语信以为真。在日常交谈中吹吹牛也就罢了，有的上市公司肆无忌惮，不敬畏法律，在公告中依然不免一本正经地胡说八道，将有的说成没的，没的说成有的，以此来完成自己资产转移或者拉高市值精准套现的目的。置中小投资人的利益于不顾，置监管机构和法律制裁于不顾，如果这种诈骗的坑都能被市场炒作，那也真是见了鬼了。

以上市公司华英农业公告为例，该公司于 2022 年 11 月 23 日收到中国证监会下发的《立案告知书》，因公司涉嫌信息披露违法违规，根据《中华人民共和国证券法》《中华人民共和国行政处罚法》等法律法规，证监会决定对公司立案。华英农业的违法事实如下：2020 年，华英农业通过少记管理费用、财务费用及营业外支出等方式，虚增利润总额 16 775.3 万元，导致华英农业 2020 年年度报告存在虚假记载。上述违法事实，有相关法律文书、公告、财务资料、情况说明、当事人询问笔录等证据证明。2022 年 12 月 27 日，华英农业收到河南证监局出具的

《行政处罚事先告知书》，对河南华英农业发展股份有限公司责令改正，给予警告，并处以 150 万元罚款。

西方海燕公司是上市已久的现代农业公司，传统的业务稳定且市场空间有限，已经占据国内市场比例 50% 以上，上市之后募集的资金超过了 20 亿元。时过境迁，因为种种原因，公司并没有把募投项目推进下去，这笔钱放在账上没有发挥出作用。公司每年的现金流比较充裕，拥有稳定且长期的订单，市场波动也不大，周期性并不明显，因此对公司营业收入影响并不大。

实际控制人穆总持有上市公司 40% 左右的股权，他成婚较早，育有一个独生子，目前该独生子在法国不想回来。如今年近半百的穆总计划在海外配置一些资产，做一些投资，拥有物业的同时，也能方便自己常出国看看儿子。在经过"精细"的尽职调查之后，上市公司决定在法国投资参股红酒酒庄，力争要把红酒酒庄作为农业公司在海外的加强组成部分，与国内业务遥相呼应。酒庄经营在合资后便交到了小穆总手里，子承父业打点海外的农业生意。大批的证券公司研究所并不具备前往法国实地调研的能力，它们只是就红酒酒庄并入上市公司这一事件进行了行业分析。针对西方海燕公司发布的公告，一些研究员对酒庄进行了盈利预测。有的研究员收到了西方海燕公司寄送的红酒样品，有的在去上市公司尽职调查时品尝了酒庄的红酒。

基于个人的口味，这些研究员基本给出了"酒庄不错"的评价。

对此，二级市场反应不温不火，在消息公布后，公司市值短暂上涨之后又回归了不到 50 亿元的市值规模。两年不到，上市公司又开始公告，说当地遇到极端天气，葡萄大规模减产，红酒生意不好做，大批海外主要技术人员离职，暂停海外红酒业务，这样看来，小穆总成了光杆司令。实质上，有业内人士分析，当地的气候虽然有明显变化，但是葡萄当年是增产的，而且葡萄酒作为并不高深的酿酒工艺，技术人员（尤其是优秀的酿酒师）在当地也并不属于极度稀缺的职业范畴，很容易就能招聘到不错的酿酒专业人才。

有一些券商研究所也开始出具报告，但是因为西方海燕公司股价自上市以来一直处于平稳状态，没有太多外部机构在这只股票上操作赚过钱，除了上市时的募资之外，也没有任何后续定增行为，所以并未引起太多公募基金和投资机构的注意。股价虽然受到一定挫折，在经历半个月左右的交易日后，又重新保持平稳。这 5 亿元的投资似乎未能达到预期效果，属于投资失败的典型案例。

后来，市场传来小道消息，说购买红酒酒庄的事情是假的，西方海燕公司的投资部门和高管都没去过法国，全程的尽职调查都是小穆总委托一个不知名的第三方机构给出来的。这家第三方尽调机构甚至也没人去过法国，却都收到了法国酒庄寄来的自产红酒。是否真的是这家被收购酒庄生产的不得而知，反正喝起来还不错。由此看来，这场交易本身可能就是空买空卖的手段，一进一出，报告一发，时间仿佛成了并购的朋友，实质上，那 5 亿元的资金就这样悄然流失了。

　　无中生有的故事在农产品尤其是海产品公司中也是存在的，海参、扇贝可以凭空消失，也可以凭空出现，仿佛进入了异次元世界，每次来都是为了调节上市公司市值。关键问题是，投资机构和监管部门很难完成核查工作，肯定没有办法派研究员穿上潜水衣下去数数，再说了上千万只的数量，得数上几个月才能数完吧。

　　一直以来，投资者对农业公司的股权投资都持敬而远之的态度，现金交易不收发票被诟病了多年，在支付手段多样化的今天，这一问题算是有了一定程度的缓解。更重要的是，农产品销售、种植的税收优惠，基本让财务造假成本降到最低，有意夸大营业收入成为农业公司的通病，核实起来困难重重。因此，很多券商投资银行人员对拟上市的农业项目都唯恐避之不及，这已成为业界的共识。

　　上市公司中农林牧渔类企业造假最出名的是云南绿大地生物科技股份有限公司（以下简称"绿大地"）。2007 年 12 月 6 日，绿大地的发行各方签发了上市招股说明书，成为云南省第一家民营上市公司，也是国内绿化苗木行业第一家上市公司。然而，在后续的调查中，发现该公司存在虚增资产、虚增收入、虚增利润等多项违法违规行为。司法机关在相关刑事判决中认定，绿大地在 2007 年年度报告中虚增资产 21 240 000 元，虚增收入 96 599 026.78 元；在 2008 年年度报告中虚增资产 163 353 150 元，虚增收入 85 646 822.39 元；在 2009 年年度报告中虚增资产 104 070 550 元，虚增收入 68 560 911.94 元。根据判决结果，公司犯欺诈发行股票罪被判处罚金人民币 400 万元；原董事长何学葵犯欺诈发行股票罪，判处有期徒刑三年，缓刑四年；被告人原财务总监蒋凯西犯欺诈发行股票罪，判处有期徒刑三年，缓刑四年；外聘财务顾问庞明星和公司员工赵海丽获刑两年，缓刑三年；公司员工赵海艳获刑一年，缓刑两年。（资料来源：中国证监会行政处罚决定书（云南绿大地生物科技股份有限公司、赵国权、胡虹等 12 名责任人）

据公开资料显示，表 2-1 所示为绿大地历年虚增的资产项目。

表 2-1　绿大地历年虚增的资产项目

绿大地虚增资产清单（单位：万元）			
时间	资产项目	披露金额	虚增金额
2004 年 2 月	马龙县旧县村委会土地 960 亩	955	900

(续表)

绿大地虚增资产清单（单位：万元）

时间	资产项目	披露金额	虚增金额
2005 年 4 月	马龙县马鸣土地四宗共 3 500 亩	3 360	3 190
2007 年 1 至 3 月	马鸣乡基地土壤改良	2 529	2 124
2007 年 6 月 30 日止	马龙县马鸣基地灌溉系统、灌溉管网	797	797
2007 年招股书	马鸣基地围墙的固定资产值为 686.9 万元	686.9	每米围墙价值 1 269 元，严重高估
2007 年招股书	马鸣基地的 3 口深水井计入固定资产 216.83 万元	216.83	每口井价值 72.27 万元，严重高估
2008 年	购买马龙县月望乡 9 000 亩土地使用权	8 370	8 370
2008 年	购建月望基地灌溉系统	4 270	3 438
2008 年	月望基地土壤改良投入	4 527	4 527
2010 年 1 至 3 月	固定资产	24 424	5 984

　　早些年，紫鑫药业、银广夏 A 等也都是类似情况，无中生有被运用得滚瓜烂熟，不过再狡猾的狐狸也逃不过猎手的追捕，各涉案人员也都得到了应有的惩罚。商业欺诈行为其实是打了信息差，还有就是利用各种漏洞以及人员的故意操作，最终财产受损失的是无辜的中小投资者。一级市场投资人要想打赢这

场与造假企业的战争，必须要进行详尽的尽职调查，根据蛛丝马迹找出破绽。因为投出去的是真金白银，事前防控再严格都是不过分的，不能被明星项目冲昏了头脑，最终竹篮打水一场空。

掩护产品研发或新的盈利增长点

《三十六计》之"胜战计"，第六计声东击西，原文是：

> "敌志乱萃，不虞。坤下兑上之象，利其不自主而取之。"

意思是表面上声称要往东边突击，实际上是往西边进军突围，让敌人搞不清楚对方的真实意图。

按语　西汉，七国反，周亚夫坚壁不战。吴兵奔壁之东南陬，亚夫便备西北；已而吴王精兵果攻西北，遂不得入。此敌志不乱，能自主也。汉末，朱隽围黄巾于宛，张围结垒，起土山以临城内，鸣鼓攻其西南，黄巾悉众赴之。隽自将精兵五千，掩其东北，遂乘虚而入。此敌志乱萃，不虞也。然则声东击西之策，须视敌志乱否为定。乱，则胜；不乱，将自取败亡，险策也。

从投资的角度而言，声东击西有两种可能性，作为从同行业龙头跳槽出来创业的学科带头人团队，组建新的科技公司，在发明一种颠覆性技术前期研发阶段，尚未被同行业大集团发现的时候，可以把低调进行到底。所生产的主营产品可以聚焦为同行业龙头企业不注意的边角料业务，经营范围也可以侧重于集成产品的贸易，而不是依赖技术研发突破后的高端产品。这样做的主要目的是韬光养晦，不想让市场"巨无霸"注意到自己的研发进展，不想团队被挖走，也不想技术被剽窃。

在国内各个行业都变成红海的现状下，商场堪比战场。战场上死人是常事，商场上竞争对手因为一招之差倒闭清算也是常事。因此，越是有成长性潜力的产品，尤其是能够在技术层面划时代的产品，都是绝对需要保护的商业机密，不足为外人道也，否则很有可能被资本和龙头无情收割。买不了公司实控人地位，就去买二股东、三股东、四股东股份，拿到董事席位，看到公司每一步的重大决策。或者直接不讲武德，加多倍薪水买到整个研发团队，这些商场上的竞争并非不正当，时间就是效益，拿钱挖人就是让人过来给自己赚到更多的钱，前后账本一算，一点儿都不亏。

攻而不破防公司是从事网络安全行业的初创公司，团队成员均为业界大拿，基本都是从某家网络安全大厂跳槽出来的，并且是一个完整的团队建制，其离职原因是研发理念跟原所在公司的领导方向不一致。攻而不破防公司的原班人马是在数年前把公司卖给某家网络安全大厂变现后才入职的，团队非常团结，凝聚力和向心力也足够强。跳槽前，在内部业务讨论会议上，攻而不破防公司的新任总经理对这个团队辛苦研发的产品持保留态度，认为它在未来市场上可能没有立足之地，这大大挑战了团队的忍耐力，也让团队长一气之下拍案而起，决定辞职带领团队另起炉灶。

这时，收购时约定的三年预估业绩也都已经超额完成，大家的股票也可以随时在二级市场变现退出。经此一役，大家不能接受新任总经理带来的冰冷、军队化管理风格的企业文化，还是喜欢自由自在轻松的工作氛围。于是原班人马主动请缨，愿意跟随团队长再次创业，在与原公司深入谈判后，团队终于开启了二次创业之路。

其实，想要做什么产品都已经被原公司知晓了，只是底层的技术没有交出去，所以在再次创业后，最早投他们团队的天使基金再度出手，愿意与他们并肩作战。在该资本的包装下，企业依然在网络安全主赛道上宣传产品，这些产品也是能够快速打开市场销路的常规品类。在该资本的策划下，一些长期跟随该天使基金的 A 轮和 B 轮投资人也表现出了跟投意向，并且都愿意直接出投资意向书（Term Sheet，简称"TS"），给了团队极大的支持。

　　某家网络安全大厂发现攻而不破防公司的主营业务并没有威胁到现有公司的产品，也就没当回事，以为他们在经过验证新想法失败后，重归老路子。攻而不破防公司也有自己的发展节奏，既有的产品虽然不能带来亮眼的吸引力，但是至少能够保证攻而不破防公司在创业之初就有现金流，能够生存下去。公司的销售渠道也没有招聘多少新员工，因为攻而不破防公司的团队口碑在业界是出了名的。虽然团队成员都是理工男出身，但由于有大批校友和同事在各个下游公司担任主要岗位，在销售方面就没有下多大功夫，也没有投入多少资金。

　　反而在研发费上，攻而不破防公司从来没有想过节省，一方面是因为有稳定的现金流的支撑，另一方面也有长期跟随的资本的力挺。经过团队没日没夜地研发，他们终于成功发布新的网络安全产品。该产品经过内部测试和客户测试后，很快就收获了几家央企的订单，标杆作用逐渐显现，甚至还在几个标上抢了老东家的订单。各地大客户通过口碑相传找到了攻而不破防公司，其降本增效的产品广受欢迎，几乎达到了供不应求的状态。除去原有的网络安全大路货销售业绩，新网络安全业务的营业收入也在再次创业半年后达到了1亿元，且利润率也能够达到公司研发时的预期。

这时，某网络安全大厂才反应过来，想要再去挖角原有团队的核心创始人和骨干成员的可能性不大，因为原有团队按照之前被并购前的股权架构，已经被纳入股东层面。同时，在天使基金的指导下，攻而不破防公司还与这些骨干成员签署了竞业禁止协议，避免了人员被挖走的风险。

至于业务新的盈利增长点则经常出现在那些更加"内卷"的行业，互相挖人和窃取技术基本是家常便饭，需要有更严密的措施来保卫胜利果实。

21世纪初期，某玻璃制造拟上市公司，在国家对高耗能、高污染企业限制之前，发现了我国对环保和低碳发展越来越重视，便秘密对碲化镉光伏玻璃进行了研发，同时下大力气对现有生产线进行改造，维持原有产品的不断档。研发新型玻璃是秘而不宣的，为了麻痹潜伏在公司的商业间谍，公司特意将企业研发人员派到了某高校，把联合实验室的一些工作都放在学校里。

进入高校需要有校友卡或者预约，相对比较安全，加入实验队伍的博士、硕士们也都很单纯，没有泄露研发秘密的动机和心思。新成立的公司甚至没有放在上市公司名下，而是由实际控制人的关联方另行设立。双方签订了协议，约定在新产品研发出来后，将按照特定条件进行转让。值得注意的是，协议对手方并没有指明是上市公司，而是留了敞口，说是可以转让给对手方或者对手方指定的公司，这为上市公司接手埋下了伏笔。

2009 年 11 月 27 日，工业和信息化部印发《关于抑制产能过剩和重复建设引导平板玻璃行业健康发展的意见》，规定了"一是继续认真贯彻执行《关于印发节能减排综合性工作方案的通知》（国发［2007］15 号）规定，确保完成国务院提出的'十一五'时期淘汰落后平板玻璃产能 3 000 万重箱的工作目标。各地要在媒体上公告应予淘汰的落后企业（生产线）名单，接受社会监督。二是按照国发［2009］38 号文件精神，进一步加快淘汰落后产能。各地要按照工信厅原［2009］222 号文要求抓紧制定 2010—2012 三年内彻底淘汰'平拉法'（含格法）落后平板玻璃产能时间表。并将淘汰落后产能指标分解落实到各地区和具体企业，积极争取各级财政资金，加大对淘汰落后的支持力度，逐步建立落后产能退出机制"。

玻璃作为落后产能受到了重创，幸运的是，该公司在政策出台前完成了上市，拿到募集资金后进一步开始新产品的研发，并对现有产品按照国家政策进行了全面的转型升级。后续平板玻璃类企业上市的寥寥无几，该上市公司便开始用新产品对同业上市公司狂虐，新型玻璃成了新的盈利增长点，替代原有产品变成了公司主营业务。该公司由一家传统的玻璃制造企业，变成了新能源低碳概念的科技企业。与此同时，市场估值逻辑也发生了变化，市盈率也不再按照玻璃行业进行估价，在后续一系列的融资后，公司股价飞涨，成为新型玻璃的龙头企业。

　　市场上流传的一句话"解释就是掩饰，掩饰就是事实"，遇到秘密泄露的时候，不要急着解释，否则会越描越黑，反而可以告诉公众他们想要知道的不痛不痒的消息。闷声才能发大财，时机不成熟的时候公布一系列利好消息，未必就是好事，也有可能让竞争对手产生危机感，从而进一步加大对自己的打击，不利于新产品的有序研发和销售。这里面不排除会有商业间谍的介入，就像那句玩笑话，要想去竞争对手那儿偷到 WiFi 的密码，省下未来几年的上网费，那你就假装辞退一个员工，然后让他去竞争对手应聘，让竞争对手防不胜防。

要债的是"孙子"，欠债的是"爷爷"

　　《三十六计》之"敌战计"，第九计隔岸观火，原文是：

　　　　"阳乖序乱，阴以待逆。暴戾恣睢，其势自毙。顺以动《豫》，《豫》顺以动。"

意思是在对岸看着敌人内乱，不予救援，看看热闹，等他们乱象横生之后，时机一到，立刻出击，坐收渔利。

按语 乖气浮张，逼则受击，退则远之，则乱自起。昔袁尚、袁熙奔辽东，尚有数千骑。初，辽东太守公孙康恃远不服。及曹操破乌丸，或说曹遂征之，尚兄弟可擒也。操曰："吾方使斩送尚、熙首来，不烦兵矣。"九月，操引兵自柳城还，康即斩尚、熙，传其首。诸将问其故，操曰："彼素畏尚等，吾急之，则并力；缓之，则相图，其势然也。"或曰：此兵书火攻之道也。按兵书《火攻篇》前段言火攻之法，后段言慎动之理，与"隔岸观火"之意亦相吻合。

从投资的角度来看，当发现对手公司或者目标收购公司出现资不抵债、外部债务缠身、内部管理混乱，最后可能被当做不良资产处理时，若能先行布局并设定好对不良资产处置的解决方案，便能先声夺人，掌握时机，迅速说服其实际控制人或联合方，从而掌控收购目标，达到投资或者并购的目的。

古希腊悲剧作家欧底庇德斯说过："上帝欲使之灭亡，必先使之疯狂。"上市公司在千方百计将业绩扩大，甚至不管是否有扩张后遗症，在找到一种似乎正确的商业模式后，认为只要把产品和服务卖出去就算是胜利了，根本不管应收账款是否会变成永远都收不回来的烂账。

　　无孔不入公司是一家销售医疗设备的上市公司，因为设备技术参数和价格都属于市场中等水平，因此拿下了不少贫困地区的医院订单，收入和利润增长速度很快，最终顺利上市。上市之后，无孔不入公司依然奉行这种销售模式，先自己找融资租赁公司或者其他金融机构，帮助四五线城市建设医院，然后将自己的设备打包卖给医院，最后按照三到五年的周期收回货款。其竞争对手虽然看到这种模式的先进性，但是出于谨慎态度，并未立即效仿，而是静观其变。

　　上市前，无孔不入公司还没有财大气粗，等上市募集资金超过 20 亿元的时候，便开始大举扩张，号称要做到国内四五线城市医疗设备王者。可是区区 20 亿元，根本不能覆盖那么多四五线城市，连一个省的区域都覆盖不过来。于是，该公司就选了一些主动联系他们的地区，即使是贫困县也在其考虑范围内。在该公司实际控制人看来，国家有政策帮助贫困县民生升级。因此，他们有恃无恐地开始扩张，很快就把募集来的钱花光了，随后，公司又在银行拿了大笔授信，同时利用项目所在地农商银行和信用社的信任，获得了大笔地方债务融资。与此同时，老板认为既然找到了有效的商业模式，就可以抽调部分资金去投资了。此时，他还不想改善生活，而是觉得事业已经步入正轨，可以尝试新的产业了。基于这个理念，他开始用自己的钱去茅台镇收购酒厂，打算自己做基酒来勾兑，然后利用自己的客户资源和市场渠道去销售，也算开启了利用上市公司的影响力来孵化自己小金库的里程。不得不说，他的酒卖得还不错，价格不贵而且自己招待客户就用了一大批，更别说还好找下游经销商来购买他的酒进行招待了。

好景不长，尽管订单确实不少，设备出货量也相当可观，且上游设备材料的资金账期谈下来也跟下游付账期的时间所差无几，但遗憾的是，经济发展却出现了下滑。无孔不入公司的多数项目所在地都无法按期支付账款，由于医院属于事业单位，公司在多次努力周旋无果后，便对这些医院或者医疗集团提起了诉讼，涉及案件数量多、金额大，已经让公司老板慌了神，他开始找关系找律师帮助解决问题。时间拖得久了，就会让这些坏账直接计提，影响上市公司的整体业绩，市值也就会应声下跌，个人财富必然会缩水，随之而来的就是上市公司债权人都来催债，这必然是恶性循环的开始。长此以往，上市公司将会面临退市的风险，尽管律师对相关医院进行了起诉，但是时间无疑会拖得很长，远水无法解得了近渴。

此前，无孔不入公司的竞争对手董总因为没能赶得上上市时机，一直拖着没有上市，现在看到无孔不入公司的现状，十分欣喜。因为他和无孔不入公司的老板都在一个省份，彼此也非常熟悉，无孔不入公司的老板求董总出手相救。董总并没有轻易答应，而是提出了非常苛刻的条件，若要施以援手，那就需要无孔不入公司老板先偿还个人借的上市公司款项，之后再探讨合作事宜。无孔不入公司老板自知理亏，又没有能力偿还借款，便开始满世界找一些投资机构来帮忙偿还债款，同时还在催着律师把各地医院设备的应收账款追回来，许诺给予50%账款的奖励，但收效甚微。

参与斡旋的律师很快就把应收的律师费装到兜里了，还找了几个大资产管理公司，对无孔不入公司的不良资产进行了评估。虽然钱还没要回来，也算完成了律师该完成的任务。无孔不入公司老板终于意识到上市公司要寿终正寝了，再不还钱可能把自己也弄到监狱里面去了。

董总在精打细算之后，动用了数亿元资金，帮助无孔不入公司老板解决了资金占用问题，也获得了上市公司的表决权，并且获得了未来上市公司的实际控制权。又通过各种铺垫好的路径，帮助上市公司解决了应收账款的一系列问题。去除这些症状之后，无孔不入公司又变成了资本市场的香饽饽，成了一个健康的公司。

股权投资不能让一家公司彻底爆发，只能让创业者有一定的本钱闯荡江湖，做好研发和市场拓展，看好的是团队的实力和未来的前景；债权融资足够充分，就能让企业走上快车道，其给企业补充的是现金流，不过需要有足够强的担保或者偿还能力。要债就不一样了，应收账款过多，时间过长，带来的教训是惨痛的，高昂的财务成本就能把企业的利润率变薄，没钱购买上游原材料，最终业务萎缩，公司陷入困境甚至倒闭。所以在选择客户时，尽量把目光放到政府、部队、国有企业，能够进入其业务白名单不但可以证明自己的产品实力和销售实力，还能在较大程度上确保账款能够安全收回。不过，在经济下滑的时期，倾巢之下，焉有完卵，找不到能够完全保证还款的客户，也是一种新常态。

如上案例，隔岸观火对企业的竞争对手而言是一种"捡便宜货"的机会。订订订公司是一家做软件运营服务的公司，由于先发的技术和市场优势，加上专注做某一个消费领域，公司业务迅速位列国内前茅。在一番运作之下，国内另一名列前茅的相关行业买买买公司也成为其战略股东。

订订订公司发展迅猛，一方面是因为有很早就申请下来的支付牌照，可以有独立的收款能力；另一方面，公司的团队非常稳定，实际控制人田某的个人魅力和持股平台的大方都避免了核心人才流失。事情的变化发生在田某读 EMBA 后，班级上都是各行业的能人，各种新的商业模式和管理理念通过老师输入给田某，各种新行业的赚钱技巧和诱惑传导给田某，田某的心思逐渐活泛起来，也开始向集团化发展。田某不但想开零售实体店，还想做冷链物流，甚至想要配送完最后一公里。这可都是花钱的场景，田某认为现有的业务非常稳定，大量多年沉淀的客户可以给公司提供稳定的现金流，完全可以依托现有业务培养出新的盈利业务，便开始孤注一掷进行打拼。

作为股东且有董事席位的买买买公司，虽然认为一部分新业务可能会抢占自己的市场份额，但是也没有太在意。因为买买买公司也属于行业翘楚，并不在乎市场容量巨大的情况下有新人来抢一杯羹。而且买买买公司已有涉足订订订公司行业的计划并已经付诸实施，如果单方面提出拒绝订订订公司开展新业务，会授之以柄，甚至被反咬一口也未可知。于是，买买买公司在董事会上并没有提出反对意见，反而表示需要什么样的管理人才和技术软件都可以提供帮助。订订订公司得到买买买公司的支持感觉如虎添翼、如鱼得水，便开始将新业务作为新一轮融资的亮点，因而顺利拿到数亿元的资金来"烧"新业务。

隔行如隔山，买买买公司开始时还认真帮订订订公司进行业务多点开花，后来也逐渐力不从心。自己的新业务拓展在各地遇到了订订订公司的阻击，变得有些被动了，便对田某提出，不再提供新业务上的帮助，原因是来自买买买公司董事会的压力。田某并不在意，起势阶段已经过去，现在准备全面铺开，股东之间变成了竞争对手。

随着优秀团队的加入，多年摸爬滚打的买买买公司在应变能力和拓展能力上全面碾压订订订公司的原有业务，订订订公司开始保卫原有阵地，新业务拓展烧钱烧到捉襟见肘。新业务拖累老业务的事情让新老业务团队势同水火，内部矛盾一触即发。买买买公司对此置之不理，既不给建议也不追加投资，就等着坐收渔利，隔岸观火等你来求我。

直到田某实在熬不过股东的压力和员工们的怨声载道，以及下游的催款和上游的应收账款，只能向最懂自己行业又是自己股东的买买买公司求救，希望买买买公司介入，全面收购订订订公司。果然，商业谈判跟男女吵架一样，谁先开口谁就先输了。买买买公司经过详细调研后，根据多年作为董事对订订订公司的了解，加上对现有资产和销售渠道的评估，说服了其他股东采取断腕求生的策略，最终给了一个较低的价格便把订订订公司收入囊中。

在如战场的商场中，"趁你病要你命""有便宜不占是傻瓜"，这些都是很多企业家奉为圭臬的法则。等他犯错，等他求你，主动权便到了自己手里，再用手段把其他竞争对手排除在外，便能以极低的价格把企业揽入怀里，变成自己新的摇钱树。

尴尬的纾困基金被困真要命

《三十六计》之"胜战计"，第五计趁火打劫，原文是：

"敌之害大，就势取利，刚决柔也。"

此计类似于隔岸观火，更多的是趁敌人混乱之际得到更大的利益。

按语 敌害在内，则劫其地；敌害在外，则劫其民；内外交害，则劫其国。如：越王乘吴国内蟹稻不遗种而谋攻之，后卒乘吴北会诸侯于黄池之际，国内空虚，因而捣之，大获全胜。

从投资的角度来看，能够有机会从别人手里抢到自己喜欢的标的，甚至据为己有，那可谓上天赐予的礼物了。

众所周知，每个公司靠自己打拼，发展业务很多年，都未必能够达到收入和利润双丰收的高度，只有在竞争对手或者自己关注行业的目标遇到困难的时候，才能趁他病要他命，敢于伸手来抓住机会，得到自己想实现的目标。很多上市公司在出现问题的时候，首先想到的肯定是自救，而不是破罐子破摔，即使无可救药了，也希望能够卖个好价钱。明明知道负债率过高，业务模式陈旧，技术创新力不足，但是依然想要叫价来赚到最后一桶金。没有任何一个处于困境的上市公司是无辜的，按照赵本山大叔的台词"自己没能力就说没能力，别老怨什么大环境"。同样的，团队的决策失误或者实际控制人的管理水平缺失正成为上市公司业绩每况日下的试金石。

纾困基金是时代的产物，本来是各地政府组织起来通过收并购或者金融工具加持来帮助上市公司解决实际困难，避免退市的一种基金。众所周知，当一个上市公司被外地国企实际控制的时候，外地国企是有充分的理由申请将该上市公司注册地搬离出当地的，因此，纾困基金在成立之初，旨在避免当地的上市公司数量减少，通过引入优质资产来替代被时代淘汰的落后产业，后来反而被误解为是趁火打劫。笔者现在讲的是有些纾困基金面临不可抗力而让作为实际控制人的国企领导陷入困境的小故事。

严丝合缝公司是一家做传统燃油车齿轮轴承的民营上市公司，作为汽车零配件行业，市盈率一直在 15 倍左右徘徊，后来因为燃油车市场逐渐被新能源车蚕食鲸吞，主业也就逐渐萎缩。管理层也没闲着，开始找一些新能源车零配件方向进行发力，负债率一度高达 80%，超过了临界点。由于管理层没有新能源车零配件的生产经验，虽然靠着与原有车厂采购部门和技术部门的关系，拿到了进厂选型定型的机会，但是产品质量一直不尽如人意。不出所料，公司当年就遭遇亏损，亏损额高达 1.2 亿元。随后因为资金链紧张，导致无法按时支付上游供应商的账款，公司被多家上游公司起诉，整个局面变得一团糟。因为业绩亏损，该公司也已经连续被标记为 ST（特别处理）了，业绩预亏 5 亿元，退市一触即发。在新一期的三季度财报中，严丝合缝公司宣称，由于产品市场价格大幅下跌，导致收入无法覆盖成本支出。新一期的季度财报让本就不被资本市场看好的公司雪上加霜，不过，因为纾困基金已经在各地有过成功先例，仍有一批坚定的机构投资人和散户都对国有纾困基金介入抱有希望。

果不其然，当地政府国资认为严丝合缝公司收入和资产体量庞大，涉及就业人群众多，欠当地银行款项巨大，不适宜就地解散退市。于是，政府派出工作组，聘用了专业的投资银行家、会计师、律师团队，对严丝合缝公司进行全面的尽职调查。经过详尽的调查，当地政府和第三方中介团队发现严丝合缝公司的主要问题是急功近利，虽然找到了方向，但没有把握好脉络。尽管公司把资金都用到研发层面，但由于产品定位不够精准，生产出来之后没有经受住市场的检验。这导致产品与市场的脱节，不仅影响了后期的研发，还让前期的投入打了水漂。然而，总体看来，无论是管理层还是董事会层面，都对企业运营尽职尽责。因此，政府心生保护欲，希望为当地保住这家上市公司。公司当前面临的主要问题有两个：一是产品是否能够顺利转型；二是原股东高比例质押如何解决。严丝合缝公司控股股东质押率高达99.5%，控股股东的大股东梁某质押率更是高达100%。

之前严丝合缝公司的二股东、三股东分别将其所持有的

5.67%、4.33%的股份在淘宝平台进行司法拍卖，并被严丝合缝公司当地国有公司以最高价拍卖获得。随后，当地国企又在二级市场进行了低位增持，占股比例一度达到12.34%。大股东和穿透后的自然人股东质押率虽然比较高，但是未来可以通过市值管理拉升股价解决。最终严丝合缝公司通过二股东、三股东的转让，又在大股东股票质押未解禁的情况下，完成了实际控制人的变更。大股东股权质押的券商，也同意将表决权和投票权过渡给当地国有企业，帮助严丝合缝公司渡过难关。在一系列资本运作之后，当地国有企业不但没有解雇原有核心团队，反而通过国有资产的规范化管理，让企业释放出一部分利润，顺利保住了上市公司壳，另外又将之前准备的部分资产注入，解决了公司的部分债务和现金流问题。

　　问题的关键在于，原有业务面临的市场困境并没有得到根本性改变，当地国资政府还在犹豫到底装入哪一块优质资产。在多次对装入资产包进行调整后，市值只是在变换实际控制人公告的时候和转入部分保壳资产的时候分别出现了一波拉升。这样的市场反应，部分缓解了原有大股东质押率过高的问题。在解决问题并过渡到新阶段后，严丝合缝公司后续因为并未确定装入资产的质量和预期的时间表，市值一直维持在一个区间波动。在面临换届的时间点，当地政府主政官员对确定装入资产包产生了分歧。纾困基金的参与者多是国企，它们同样面临着国有资产保值增值的压力。在未得到当地政府允许的情况下，严丝合缝公司的市值将一直保持在平稳状态，虽然保住了壳，但是如果没有政策利好消息和实际优质资产的装入消息，那么最受困扰的将是作为实际控制人的当地国有企业领导。每当年终最后一个交易日到来，都是实际控制人企业领导备受考验的时刻，因为他们需要根据股市的价格来评估自己的KPI（关键绩效指标）。

按照二级市场的逻辑，官员更迭导致的上述情况属于不可抗力，这种情况反而为市场提供了更大的想象空间，有利于资本的长期低价介入，除非未来出现资产不置入的极端情况，否则，纾困基金在完成其"坐轿子"的角色后，仍有希望实现保值增值。

按照常规操作，以往纾困基金解决上市公司的困境之后，当地国有企业对其实际控制人完成变更后，就会向市场发出积极的信号："公司治理结构有望得到改善，对公司的战略方向、资源配置、融资渠道等各方面均会产生积极影响，有利于公司长期发展。"不过现在，这种操作只能激起短期内靠消息生存的散户激情，并不能让长期的价值投资者产生动摇。只有在有质量的资产注入后，在发现公司能够有强大的可持续经营能力和盈利能力的时候，更多的机构投资人才愿意躬身入局。由于之前国企对进行市值管理是有顾虑的，尽量不跟市场上活跃的资本合作，而是靠实打实的业绩和资产质量取胜。虽然符合长期价值投资的理念，但是在风云变幻的二级资本市场，未免显得有些"太实在"。市值的好坏有时候说不清楚是由什么影响的，这也意味着如果国有实控人过于谨慎，投资人可能不会投入更多的关注度和资金量。一只股票的活跃度若不够，其结果可想而知。

值得庆幸的是，2024年1月24日，国务院国资委有关负责人表示，"将进一步研究把市值管理纳入中央企业负责人业绩考核，引导中央企业负责人更加重视所控股上市公司的市场表现，及时通过应用市场化增持、回购等手段传递信心、稳定预期，加大现金分红力度，更好地回报投资者"。对于通过纾困基金掌控上市公司且同样被各地国资委进行监管的地方国有企业来说，这传递了一个非常积极的信号，意味着考核当头，他们必须将提升二级市场的活跃度和推动股价上涨当做重中之重来抓，并会想尽办法来保质保量地完成上级机关的考核。对于二级市场的中小投资者来说，这也是一种变相的保护。

在兵法角度上来看，趁火打劫不是一个贬义词，而是一个中性词。讲的是当地国有企业蓄势待发，时刻准备着，等待战机来临，通过时间换空间以及利用国资的优势，来完成曾经不可能完成的任务。跟市场化的并购基金不同，纾困基金往往是在万不得已的情况下，经过地方政府的行政批准，基于多方面的综合考量，对陷入困境的上市公司进行纾困。这些综合考量包括：一是可以有效避免对当地民生中就业产生的不良影响；二是可以通过向上市公司置入优质资产，将这些资产证券化，为当地政府和企业融资提供金融工具，从而更有效地盘活资产，用于更有价值的投资和应用；三是为了防范可能给当地金融机构带来的系统性风险，避免发生重大的"黑天鹅"事件；四是通过并购重组或者自主研发，重塑产业链的核心企业，带动当地产业链转型升级，或者吸引新产业链上的相关企业入驻，形成大规模的产业集群。

第三章

小投资公司之殇

自从监管机构对私募股权基金的监管趋严以来，新成立基金公司的审批和新的基金产品备案的审核流程，都发生了显著变化。原先只需符合条件即可的低准入门槛，变成了国有主体和老牌基金公司享有审核相对宽松优势的新常态。

　　道理很简单，既然监管机构有审核的权力，那么自然要为审核通过的机构背书，这也成为众多 LP 出资方选择投资的理由之一。在第三方财富管理机构比较盛行的那段时期内，有不少投资者就拿这个审核来说事儿，认为监管机构的责任重大。于是，上述新常态便逐渐形成。

　　管理严格不是坏事，但也容易误伤一批新的基金从业者，比如在大平台私募股权基金工作过，帮助过一批企业家成功上市，并为出资人创造财富的创业者，他们受到误伤的几率会比较大。所以，事情还是要从两个方面来分析，不能一概而论，更不能搞"一刀切"。

抢投资份额的弱势群体借势发力

《三十六计》之"并战计"，第二十九计树上开花，原文是：

"借局布势，力小势大。鸿渐于阿，其羽可用为仪也。"

本意是说弱小的部队，需要借助别人的力量改变与对方的势力平衡，就像鸿雁长出了丰满的羽毛一样，借此取得胜利。

按语 此树本无花，而树则可以有花，剪彩贴之，不细察者不易觉。使花与树交相辉映，而成玲珑全局也。此盖布精兵于友军之阵，完其势以威敌也。

就投资领域而言，中小投资公司可以借助合伙人、外部人脉的联络，联合能够给被投标的带来实质性影响的一切力量，为企业提前赋能，借此拿到想要的投资份额。

前文讲过，在明星项目面前，投资人通常处于乙方的位置。这里的"甲方""乙方"只是代称，用以表明在投资谈判中双方的强势与弱势地位，并非指传统交易中的甲方、乙方关系。所谓明星项目，指的是在技术创新方面有过人之处，能够迅速崛起并产生现金流；或者是在国家战略需求的鼓励和支持下，在前沿技术上下功夫，为未来十年甚至更长的时间内提供全面技术升级和创新支撑的项目；又或者通过商业模式创新迅速实现规模化，形成自身独特领域，成为龙头企业的项目，这类项目的创业者往往在本领域内有极强的影响力或者创新能力，深受市场化机构的青睐和推崇。由于此类项目在市场上非常抢手，按照常理而言，早期阶段往往只有战略投资者能够介入，中小投资机构不太可能获得投资份额。

想要拿到份额，就需要在为投资标的提供多层次、全方位的服务上下功夫，不断借势，不断布局。"予人玫瑰，手留余香"，只要你能做到让对方满意，投资的天平就会有所倾斜，很现实也很公平。

铁头铁身公司是一家机器人公司，主要为央企提供巡线监测、管网检测、轨道监测等服务。公司创始人孙总是科学家出身，也曾在大型科技公司担任过高管职务，但是科班学习的知识与所处公司的分管领域大相径庭。虽然他每年在该科技公司有近千万元的分红和期权，但他在业余时间依然对其感兴趣的领域进行研究，并初现成果。因此，在多年好友也是某知名资本合伙人的鼓动下，他逐渐有了创业的想法。

经过市场调研，孙总发现央企的产业巡检机器人拥有巨大的市场应用潜力，自己也有一定的人脉资源，可以初期接触并有可能将产品推介进入这一领域。在成功获得某知名资本 1.5 亿元的天使投资后，他便毅然决然辞职。铁头铁身公司在孙总原有研发成果的加持下，公司不仅掌握了自创的视觉识别技术，还拥有较为完备的生产产业链条。此外，公司也成功获得了某央企的研发课题，并决定由孙总与某知名大学联合成立实验室，共同攻克技术难题，一旦攻克难点，后续的订单前景将十分可观。

小王从海外知名高校金融专业毕业回国，凭借其深厚的资源背景，与几个海外的同学共同成立了一家和氏璧私募股权投资公司（以下简称"和氏璧资本"）。和氏璧公司资金比较充裕，现在需要找几个明星项目为自己的投资公司打出名气。经过朋友介绍，小王发现铁头铁身公司有成为独角兽公司的潜力，便几顾茅庐与孙总进行磋商。随着机器人行业的持续升温，大批地方国有投资公司和知名投资机构都非常看好铁头铁身公司的前景，Pre-A 轮的 5 亿元额度被迅速抢空。

和氏璧资本的合伙人们最不缺的就是人脉,依托家庭和校友们给予的支持,合理、合法、合规地给孙总提供了以下几个帮助,借此来换取合作额度。第一,帮助铁头铁身公司与多个产业央企应用端建立联系,并且协助其签下框架协议和研发合同,为产品量产后进入采购白名单提前做好准备。第二,利用海外名校的校友和同学关系,帮助铁头铁身公司拓展海外市场,与海外多家世界 500 强公司进行对接,为产品推广并获得海外订单打下基础。第三,帮助铁头铁身公司在民营上游核心零部件产业链中找到最优性价比的产品,通过股权融资等各种形式助力其上游公司,成为其降低成本的坚实后盾。第四,与熟悉的地方政府谈好落地产能的条件,通过代建工厂、代采设备等方式帮助铁头铁身公司从零到一完成资产蜕变,为产业化做好充足准备。第五,帮助铁头铁身公司与国外顶级大学实验室建立合作关系,以缩短研发周期,尽快推进产品进入生产阶段。

这几项帮助能够让铁头铁身公司快速进入封闭的央企产业领域,为业务发展积累了优质的客户群体,这也是下一轮投资人十分看重的一项优势。同时,这些帮助还能使已近成熟的产品通过产业化更新迭代,甩开竞争对手数年的研发时限。此外,公司由依赖资本转向依赖产业本身,保持输血不多便能产生造血能力,尽量避免稀释创始团队股份,让公司估值和孙总团队的个人财富值呈几何倍数的增长。孙总见到和氏璧资本诚意满满，且确实也能身体力行，说到做到，便在本轮融资中让出了2亿元的投资份额，让和氏璧资本成为产业战略投资方之外最大的跟投方。

在各参与方看来，和氏璧资本表面上是一家中小型投资公司，是财务投资者，实质上也属于战略投资者。虽然它不如领投的产业战略投资方给予的支持和想象空间大，但是实际上解决了铁头铁身公司短中期甚至长期面临的发展问题，至少是赋能了铁头铁身公司成长的想象空间。在估值方面，和氏璧资本这种全方位服务的战略投资者进入会让铁头铁身公司的市场估值大幅提升，要人给人，要钱给钱，要客户渠道给客户渠道，要供应链支持也给供应链支持，说其是保姆式投资服务也不为过。和氏璧资本其实就是借助对上述几个公司、院校的优势资源的整合，拿下了铁头铁身公司抢手且为数不多的投资份额。

事后，和氏璧资本的这次投资做了充分的宣传，彰显了自己在产业投资赋能方面的能力。铁头铁身公司的宣传稿还有孙总私下与科技同侪们的交流中，都高度赞扬了和氏璧公司的投后管理水平，这些让和氏璧资本瞬间成为人工智能创业公司都想让出投资份额的香饽饽。别人拿不到的份额，人工智能创业公司一听说是和氏璧资本想投资，便会优先让其入场投资。很多个人投资人也慕名而来，尽管个人拿不到投资份额，但他们通过成为和氏璧资本的LP，间接进入了人工智能投资领域。在和氏璧资本的宣传册上，铁头铁身公司的投资案例被置于首位，作为经典且广为人知的成功案例进行展示。

明星公司其实并不缺投资人，而是缺少在业务发展方面帮助他们的人。IPO最基本的考核门槛就是看企业本身是否具备可持续经营能力，也就是说只有高科技产品研发和制造能力是不够的，还需要客户认可并且大范围使用，否则也就说明产品水土不服，或者成本过高不具备经济性。

借局布势依托的主要是投资机构的综合实力，这往往也需要借助个人家庭资源和校友资源等多方面的加持才能实现。普通的投资机构合伙人是不可能有如此给力的支持的。投资公司也是逐利的实体，需要想尽一切办法让投资变得更顺畅、成功，收益能达到最大化，且能够打造出名气，才能在未来募集到更多的资金，做更多知名项目的投资。

张爱玲说过"出名要趁早"，对于投资公司这类企业而言更是如此。"人的名，树的影"，只有江湖上有你的传说，你才有可能找到有缘人。因此，在经济不景气的时候，很多投资人便抽出一定时间来做"副业"，比如做自媒体、写书、做培训讲座等。无非就是想要增加社会影响力，尤其是能够通过名气来汇聚各方资源，通过资源配置和整合，发掘新的业务机会。对投资人而言，主副业其实不应该分得特别清楚，在知名平台期间，投资人需要借助平台的力量完成提升与蜕变。假如个人能力足够强，前期宣传和自身实力达到了自立门户的高度，那么个人就是平台。

不想当将军的士兵不是好士兵。不能把自己的人生锁定在打工者这个角色，而是要做知名且资深的投资人，打造自己的投资平台，为出资人和自己创造财富。此时，有一些被投标的就需要借你的势来给自己背书，吸引下一轮投资者进场，于是就出现了"店大欺客，客大欺店"的传统局面。

由此看来，在投资行业里，甲方乙方之间的角色是完全可以互换的，都是互相借势的过程，此消彼长，各取所需。

投资机构拓宽 FA 业务

《三十六计》之"敌战计"，第十二计顺手牵羊，原文是：

"微隙在所必乘，微利在所必得。少阴，少阳。"

意思是说顺手就把羊牵走了，毫不费力。

按语　大军动处，其隙甚多，乘间取利，不必以战。胜固可用，败亦可用。

FA 是英文 Finance Advisor 的缩写，中文翻译过来是财务顾问。从职责上来看，FA 机构一是可以帮助服务对象梳理历史沿革、业务流程、商业模式漏洞、财务报表安排等方面的问题，为其撰写或者指导撰写商业计划书，对服务对象进行包装。FA 机构通常会因此收取咨询费用，这部分费用往往是固定收取的，有时也可能免费开展。二是可以帮助服务对象寻找匹配的投资机构，进行撮合服务，由此取得财务顾问费用，这部分费用一般是按照融资金额约定的比例，融资成功后由服务对象支付。在投资行业中，这一计并不是形容对手方，而是拟合作方或者已经合作方，顺手牵羊表达的是在投融资方面进行专业的合作。

在本质上而言，FA 机构与投资机构是相辅相成的关系，互相成就。FA 机构需要通过撮合获取利润，投资机构需要通过 FA 机构挖掘和搜寻合适的标的，增加了一个寻找项目方的渠道。专业 FA 机构服务对象往往都是市场知名企业，一方面融资难度不算大，与知名投资机构匹配度高；另一方面融资金额足够多，便能支付费用帮助 FA 机构存活下来，继续在撮合市场上活跃下去。FA 机构确实能够在充满实业人才的服务对象中起到外部合伙人的作用，用金融的知识来诠释实业的需求。如果 FA 机构的从业人员有工科背景，就更有机会将服务对象的主营业务和发展方向表达成投资机构听得懂的语言，也就增加了投融资的成功几率。

在经济不景气、IPO 速度减缓的当前，大批的投资机构也利用自己积攒下来的被投企业资源和行业地位，以及完胜专业 FA 机构的投资识别能力，在拓展 FA 业务为新的盈利增长点方面越走越远。

大鸟资本主业是做天使投资，即便企业只有十几页 PPT 的商业计划书前来，他们也敢跟创始人聊完后投资入场。这不但需要他们具备辨人识人的能力，还需要有敢于冒险的勇气和胆量，甚至还得带着点命运造化的因素在里面。

投资圈的朋友们都十分清楚，通常在企业创立之初介入得越早，就越能跟创始人形成紧密的团结合作关系。从另外一个角度看，天使投资人其实就是企业联合创始人，他们不只是出资金、管理和运营方面的建议，还会帮助企业在某个阶段组建合适的团队，比如首席财务官、首席运营官等。

反观后面进入的投资者，他们主要是为企业的成长锦上添花，而不是雪中送炭。高风险，高收益，VC（风险投资）阶段进入的投资人对企业创始人还是有一定影响力的，也拥有更大的话语权。相比之下，PE（私募股权投资）阶段的投资机构与被投企业的关系应该说都不会特别紧密，除非是能够给业务的战略投资者，否则投资团队与创始人根本没有黏性。在创始人眼中，PE 阶段的资本是在其已经起势的时候进入的，还要跟自已讨价还价一番，从这个角度来看，它们甚至是吸血鬼，稀释了创始团队的股权。PE 机构是通过他们来赚到了钱，保住了工作，但创始人往往不会对它们心存感激，不被拉黑就不错了。

大鸟资本在投资了上百个天使项目之后，四年内通过一两个项目的退出，已经完成了 DPI（Distributed to Paid in Capital，投入资本分红率）过 1 的良好成绩。众所周知，DPI 等于 1 时是损益平衡点，代表投资成本已经收回；大于 1 时，说明 LP 获得超额收益；而小于 1 时则说明 LP 没有收回所有成本；等于 0 说明没有任何收益。在此情况下，做好投后管理让被投企业迅速升值，通过多种途径退出就成了大鸟资本的重中之重。

为此，大鸟资本决定亲自参与管理，迅速扩充队伍，并将投后管理团队整合成为新的 F 万里公司，自收自支，自负盈亏。在股东结构上，大鸟资本的创始人依然保持控股地位。同时，公司根据项目完成情况，给予团队长相应的分红奖励。这样做，一方面是为了增加与被投企业的黏性，另一方面也是防止 FA 公司的团队负责人将项目撬走跳单，最终另立门户。

基于投后管理团队的丝滑入局，他们对原有的项目十分熟悉，基础材料也准备得相当齐全，可以说是知根知底。因此，在包装商业计划书和对接投资机构匹配度方面，他们少走了很多弯路，从而节约了大量的人力和资金成本。通过大鸟资本创始合伙人多年打造的江湖地位，团队介绍了很多 VC、PE 给团队，团队负责全面执行 FA 业务。很快，大鸟资本服务的多家公司都顺利获得了下一轮融资，新公司赚到了第一桶金，皆大欢喜。

渐渐地，FA 公司也开始反哺大鸟资本，因为接触了大量的地方政府产业引导基金。这些基金发现大鸟资本原来投资了这么多好的项目，便开始将当地产业园的"招商基金"和天使基金交给大鸟资本来管理，为当地完成返投，提升当地创新创业公司的数量，为当地孵化出更多的优质企业。

大鸟资本在"建链"层面可以大有作为，原因是其不仅能为企业提供后续各个阶段的融资服务，还能结合当地的产业结构，引入能够解决关键技术难题、突破技术门槛的科技成果转化企业。因此，在天使层面，大鸟资本反而采取更加谨慎和稳健的投资策略。而在投后赋能方面，开始从单纯的 FA 业务引入投资者变成引入当地优势产业资源，完成了为被投企业提供市场应用场景和订单的升级蜕变。

于是，FA 业务再升级，大鸟资本又成立了一个市场推广公司。这家公司同样是独立核算，自负盈亏。公司招聘了职业经理人，利用在地方政府层面了解的市场动向，与自己投资或者服务过的公司成立合资公司，帮助其在当地推广营销。其盈利方式有两种：一是通过销售提成来完成人员工资的发放，二是通过销售换取股权的形式，持有一部分服务对象的股权激励，从而获取长期收益。

对于大鸟资本而言，管理规模的扩张只有对管理费和 Carry（超额收益分成）增长的期待，而延展出来的 F 万里公司和市场推广公司都是顺手牵羊做成的事情，增加不了多少成本，却能更好且更独立地为被投企业赋能，提高了大鸟资本本体投资成功的安全边际。综合起来看，大鸟资本已经不能单纯地被称为资本了，而应该被称作集团公司，实际控制人还是原来的，业务已经变得五花八门。

对于躬身入 FA 局的投资机构而言，专业的 FA 机构并不是严格意义上的竞争对手。至少在自己没投资过的企业方面，大家处于同一起跑线上。而在自己投资过的企业方面，专业 FA 作为非独家的资本抓手，不但能够给自己之前投资的份额增值，还能帮助企业更好地生存和发展，所以反而是好帮手。自己做 FA 就是顺手牵羊，在建立与创始人的信任度上，早就比其他 FA 机构多跑了好几个马身。有的时候，投资机构还会帮助被投企业推荐 FA，因为市场各自都有不同的渠道，谁也说不清楚哪片云彩有雨，只要不复杂，就可以试试看。

一般情况下，大多数投资机构都愿意保持其投资业务的纯粹性和单一性，尽量避免在潜在被投企业面前被视作纯粹的 FA 机构。以大鸟资本的案例为例，现在看来，昔日的"地主家"

也没有余粮，投资机构也是逼于无奈，被迫转型。有时候为了在市场上活下去，不退出舞台，它们往往不得不推陈出新，否则真的没办法给投后管理的员工发工资了。

商业计划书是一家公司的门面，假设市面上总是飘着融资企业的商业计划书，那么这家公司大概率会被资本嫌弃。了解的人不会多说什么，不了解的人就说这家公司在市面上飘了好久了，都没找到投资，别人都不要的项目我们怎么可能投呢？

"羊粪蛋子表面光"是不行的，飘到众所周知的话可能会有不良后遗症。还有一种说法，在投资机构回顾以往被投公司提交的商业计划书时，常会发现投资前被投公司在商业计划书上作出的财务预测并未实现，这些未达成的预测在未来项目复盘时可能成为追责的潜在证据。此外，这还可能成为其他投资公司的笑柄，确实令人感到难堪。

商业计划书结构比较简单，内容一般由项目概况、团队介绍、业务板块、投资亮点、财务现状及预测、上市及融资计划等构成。

首先，项目概况要说清楚企业的基本情况。公司的主营业务和关键发展节点需要有较为合理的阐述，包括关键技术创新情况、关键渠道拓展情况与外部科研机构合作等。

其次，团队介绍旨在全面展示企业的人才储备，让投资机构心里有底。创始人光鲜亮丽的简介是企业能够成功将计划书递到投资机构手中的关键，也是企业成长到这个阶段最大的依托。创始人的学历背景、工作经历、曾获奖项、负责或者参与过的重大项目、荣获的各种荣誉、主导过研发过的突破性产品、发表过的论文数量等，都会成为支撑企业走下去的有力背书。同样，团队其他成员的经历也可以做类似描述。

再次，业务板块部分需详细阐述公司的主营业务及相关业务。需明确公司主营业务在行业中的定位，详细分析各个板块不同的核心产品，并且论证核心产品在实际效果上相较于其他同类企业的优势，由此得出核心产品之所以能打入优质渠道并迅速铺开的深层次原因。为增强投资机构的直观感受，可以列举几个有代表性的工作案例。此外，还可以简单分析企业所处的市场状况和未来数年内预计能够占据的市场份额，并选取一两家同行业上市公司，就产品系数、产品销售网络和销售模式等方面进行比较。

然后，投资亮点其实是为投资机构准备的，也就是把公司的核心竞争力用投资机构看得懂的语言表述出来，从而更好地吸引投资人的注意力，让投资人能够提起精神继续往下认真看。投资亮点里面，可以重点渲染技术的突破性和先进性，团队人员构成完善且互补性强，专利和软件著作权丰富，商业化能力位列前茅，主营业务客户覆盖全行业的领军企业，并探讨是否存在国内外唯一性等独特优势。

接着，财务现状及预测是对历史业绩及未来财务状况的汇总，可以用柱状图进行展示，将过去三年和当年上个月的各业务板块以及公司总体的财务状况清晰地呈现出来。同时，对未来三到五年的业绩增长速度和金额进行有依据的数字预测也是非常重要的。如果公司属于初创阶段，尚未盈利，就将尚未盈利的主要原因和未来能够盈利的年限和依据描述出来。

最后，上市及融资计划是投资人对公司匹配资金的判断关键，包括融资规模、公司估值、资金用途、上市时间安排和退出方式等。公司融资的资金用途是一项非常重要的内容，要让投资机构觉得本次融资的金额不是拍脑袋想出来的，而是有的放矢的精心策划和深思熟虑后得出的。退出方式和权益的测算也能彰显出企业创始人的"懂事"，这让投资机构会下意识地认为公司在为未来产品的推广做长远规划。将心比心，如果这些规划和测算确实有理有据，价格合理，投资机构也会考虑匹配适合的基金产品对其进行投资。

综上所述，顺手牵羊计用经济学术语来讲类似于边际成本递减，即随着商品产量的增加，新增一单位产品所增加的成本将越来越少，也就是规模效应。在经济学领域，边际成本递减是许多商品生产过程中的普遍规律。在投资机构眼中，被投企业也是一种商品。只不过，对于一般商品而言，其递减的范围是有限的，即超过一定的限度，生产一单位商品的边际成本将出现上升。限度不好测算，这也跟机构的管理能力和管理半径紧密相关，不能一概而论。

抱好大腿的跟投基金兴起

《三十六计》之"混战计"，包括：第十九计釜底抽薪、第二十计混水摸鱼、第二十一计金蝉脱壳、第二十二计关门捉贼、第二十三计远交近攻、第二十四计假道伐虢。其中第二十三计远交近攻，原文是：

"形禁势格，利从近取，害以远隔。上火下泽。"

意思是要求同存异，找与自己利益冲突少的合作伙伴，同时对利益冲突尖锐的竞争对手进行打击，最终获得更多的朋友，不断壮大自己的实力。

按语　混战之局，纵横捭阖之中，各自取利。远不可攻，而可以利相结；近者交之，反使变生肘腑。范雎之谋，为地理之定则，其理甚明。

在投资过程中，总有一些投资机构是小而美的，它们虽然没有太多的专业投资经理，但却能拥有固定的 LP 群体。这种情况下，就需要抱住那些所谓的知名大牌投资机构的"大腿"，交心交利，通过分利的形式，做成部分重合的分利性产品，在投资份额上争取到投资明星项目或准明星项目的机会。在与其余类似的投资机构竞争时，也需要对竞争对手像秋风扫落叶一样无情。

跟投机构之所以能够存活下去，一方面财大气粗，能够给知名大牌投资机构凑凑分子，帮个场子；另一方面是由供需关系决定的，确实有一大批非专业人士只想把钱交给信任的人管理，而他们信任的人大概率不是科班出身也不是特别专业的股权投资人士，执行者又不能辜负资方的期望，所以就通过层层背书，获取投资标的。

盘中餐资本对外都宣称自己是家族办公室，管理了某省几位富豪的资金，并且不像地方政府引导基金那样，对落地当地产能有诉求，他们的想法就是能够保值增值。盘中餐资本的创始合伙人小肖与几位富豪是世交，虽年纪不大，但通过各种商学院的 EMBA 课程以及各种名校校友聚会，认识了许多看似高不可攀的私募股权投资知名人士。于是，小肖便在回家接班和转行做投资之间选择了后者。

小肖通过一次偶然的机会，在某次大会的论坛上结识了仰慕已久的皆辛苦资本董事长大伟总，大伟总的成功案例比比皆是，是响当当的圈内大佬。从此之后，从小就耳濡目染商场礼仪的小肖便鞍前马后成为大伟总的助手，甚至还提出要到大伟总的皆辛苦资本来工作，只为学习投资的技巧，锻炼自己看项目的眼光。

小肖人狠话不多，也在日常接触中向大伟总"秀出了肌肉"。他不但带着大伟总认识了家族办公室背后的富豪，还把家乡相关主政官员和分管基金金融板块的主要负责人都介绍给了大伟总。大伟总觉得小兄弟挺懂事，在浩如烟海的项目池中，找到数个可能成为独角兽的公司，拿出一部分份额给到了小肖的盘中餐资本。当然，小肖也投桃报李，承诺给大伟总一些分红和报酬。

一来二去，盘中餐资本的名声在圈子里面打响了，原因有四：一是总能成功投资准独角兽企业，并且能够在投资之后的两轮内完成本金的退出。二是盘中餐资本财力雄厚，决策比较快。作为跟投基金，其合同条款只需要跟领投基金保持一致即可。三是盘中餐资本只需要赚到钱即可，没有额外的产业落地或者产业协同等诉求，这与很多依赖地方政府引导基金的资本不同，大大减轻了企业创始团队的压力。四是小肖及其团队都是年轻人，也都有海外留学背景，情商高，在与企业家交往过程中，总能帮助企业家们解决诸如孩子上学、老人看病等问题，有时候还能在舆情管理上给企业家提供建议和支持。

经过多次亲密无间的合作之后，大伟总觉得小肖是可造之材，作为美元和人民币双币基金管理人，大伟总开始带着小肖组建一支由他们两人共同担任合伙人的美元基金。大伟总看重的是小肖背后的 OLD MONEY（指家族财富传承后的一批资金）。这些家族有传统的房地产行业，也有国际贸易行业，在海外都有地产项目或者合作伙伴，拿出数亿美元来组建基金并不算多，另外也需要将海外配置的资产通过投资方式保值增值。大伟总有足够丰富的投资经验，凭借其在投资圈和企业家人群做出的口碑，他吸引了众多需要在美国上市的人工智能、大模型、机器人等领域的企业，这些企业需要美元基金的加持。小肖的跟投基金也成功转型，通过不断地磨合终于成为只做领投方的知名机构。

对股权投资机构而言，合作的意义远比竞争大得多，除非企业有特殊的要求，否则都不会排斥同等量级的投资公司进行投资。从另一个角度来说，投资人之间也需要有互相背书，更多的资源进入企业，对各位股东都是好事情。它能够从各条线帮助企业的发展，直到顺利退出，能够切实拉高投资的安全边际。

当年苏秦佩戴六国相印，对远交近攻的战术领悟深入骨髓，其实也是要尽可能地把握好自己能抓住的好机会，不要去想虚无缥缈的画饼，同时要坚决除掉与本国有根本利益冲突的小国家，以绝后患。

投资公司虽然实力极其雄厚，但往往也不会对某家企业单独下重注，需要有联合投资方或者跟投方，毕竟"风险投资"，风险是排在前面的，谁也不能够确定投资的企业就一定会成功。投资界的传奇人物孙正义也栽倒在 WeWork 手里，像大批的知名机构红杉资本、高瓴资本都有很多失败的案例。在投资行业，风险控制永远是第一位的，投资项目池中假如有一个项目无法退出，都有可能让整个基金产品赚不到钱，作为基金管理人的私募股权投资公司自然也不会得到分红。

同样的道理也适用于城市在招商引资和吸引人才的"争夺战"中。在增量无法赋予城市更多活力的情况下，许多城市在通过已经沉寂无声的房地产市场做文章，对渴求本地医疗、教育、工作机会等资源的远方来客进行政策奖励和扶持，通过外来人口激发城市的新增长极，让户口等"围城"壁垒得以放宽，让对生活不满意想走出去的群体可以离开，想来的外来人员可以进来。对城市招商引资而言，这种做法也可以视为一种变相的"远交近攻"策略。

继国务院办公厅发布《关于规范招商引资行为促进招商引资高质量发展若干措施的通知》后，国务院 2024 年 6 月颁布的《公平竞争审查条例》已于 2024 年 8 月 1 日起正式开始施行。新政策的出台意味着，靠招引企业带动当地就业和高端人才引入，必须在公平的前提下完成。撬动企业入驻的难度是众所周知的，因此，需要围绕新的《公平竞争审查条例》积极出台合规合法的招商引资政策，并在法规允许的范围内适当调节调整招商引资的相关要素条件。

用卖不出去的房子或者吸储之后的房子来吸引人才，反而成为一种另辟蹊径、变废为宝的妙招策略。超一线城市广州终于憋了个大招，宣布支持听取住房公积金支付新房首付，花都区买房送"人才绿卡"，这跟户口的功能相关无几，包括摇车牌、子女上学、安居保障等。这显然是想要继续虹吸周边城市的人口变成自己的GDP发动机。无独有偶，东莞万科推出了购房优惠活动，购买东莞一套140平方米的房子即可获赠惠州一套公寓。

一招接着一招，还是南方人思想开放灵活，搞钱是硬道理，别搞那些形式主义。说白了各方都在努力吸引资金流入，谁能先将更多的资金吸进自己城市的银行体系，谁就是撑到最后的王者。

据统计，广州2024年7月二手房成交达10 034件，创2021年5月以来新高，华南地区可以说除了"来了就是深圳人"的口号深入人心之外，广州作为省会城市，凭借其显赫的地理位置和较低的门槛，确实给房市打了一剂强心针。这与成都在西南的地位相似，只不过广州是与深圳并驾齐驱的双子星，深圳的房价也已经腰斩，吸引力巨大。

根据各大城市公布的2024年上半年经济运行数据，广州GDP增速只有2.5%，位列前十名的后排位置。这与广州的经济地位不太匹配，广州的整体产业结构面临转型升级的压力。

地方政府可以先将市面上的空置房源进行整合，作为奖励提供给引入的高新技术人才和企业高管。另外，还可以通过城市更新改善老旧小区的生存环境，鉴于出生人口的减少，可以适当增加优质学区房的数量，吸引更多的人才到当地定居。

城市的没落都是在不经意间，这也是历史的必然。曾经作为国家第二大支柱产业的汽车行业，给广州带来了辉煌的战绩，现在，随着新能源汽车的兴起，汽车零部件制造商在广州周围越聚越多，且开始更多地供应给长三角的新能源车企。

相对应的，基于同样的问题，北京、上海的楼市首付都在减少缴纳比例，挂牌的房子和法拍的房子都在大幅增长，然而成交量依然不尽如人意，量价齐跌成为新常态。

曾经消耗了家庭两三代人的积蓄，同时也让银行赚得盆满钵满的房贷，在遇到经济下行的严酷情形下，如摧枯拉朽一般"楼塌了"。万丈高楼平地起，泡沫散尽梦难圆。

现如今，畸形发展的楼市变成了理性平稳的楼市，其不再疯狂的根本原因在于，真正有钱的人啥都有了，不再买了，出海了；没钱的人本来就没钱买，何苦逼着让他们将负担传递给下一代；苦的是一些生了二胎三胎的，他们需要改善型住房，却又觉得自己是中产，理想的泡沫打得高高的，现实的板子打得饱饱的，这种人的苦楚显而易见又难以言表。

假如楼市真的跌回到 2005 年，资金换回来的资产被妥妥地回归原值。这等于几乎所有人这二十年的努力被洗劫一空，又是一把人财两空的"梭哈"（指清除所有，采取极端决策）。资产贬值会让整个金融体系面临更大的压力测试，一旦出现问题，很难全面扭转。因此，城市管理者有责任也有必要从多个方面来减少房地产带来的危机。

在企业运营管理和城市运营管理层面，触类旁通的地方很多，与人为善，和气生财，放之四海而皆准。远交近攻，不是要把近处的人得罪死，而是要提防同行业或者同行政区划内的企业或城市，通过同样的方式来模仿并超越自己，最终夺走自己手中的饭碗。从国家层面来看，我们需要在国际上团结一切可以团结的力量，维护与周边邻国的稳定友好关系，将经济发展放到第一位。只有拥有良好的国际国内形势，才能有心思考虑如何发展，向哪个方向发展，才能让国家更加繁荣富强。

转型 S 基金偷鸡会成功

《三十六计》之"胜战计"，第四计以逸待劳，原文是：

"困敌之势，不以战；损刚益柔。"

意思是作战时不要首先出击，而是养精蓄锐，积蓄力量以对付远道而来的疲劳的敌人。

按语　此即致敌之法也。兵书云："凡先处战地而待敌者佚，后处战地而趋战者劳。故善战者，致人而不致于人。"兵书论敌，此为论势，则其旨非择地以待敌，而在以简驭繁，以不变应变，以小变应大变，以不动应动，以小动应大动，以枢应环也。如：管仲寓军令于内政，实而备之；孙膑于马陵道伏击庞涓；李牧守雁门，久而不战，而实备之，战而大破匈奴。

在私募股权投资领域，有 S 基金（Secondary Fund），即专门从投资机构或个人投资者手中收购另类资产基金份额、投资组合、出资承诺的基金产品。2024 年 4 月 30 日，中共中央政治局召开会议，强调要积极发展风险投资，壮大耐心资本。S 基金是私募股权投资二级市场的主要力量，是耐心资本的"场外支援"。S 基金发源于 20 世纪 80 年代的美国，对于私募股权投资领域来说，这是一种特殊的产品，能够增强私募股权投资基金的流动性，助力那些准备清算但有一些项目尚未退出的产品完成清算，同时，还能吸引那些风险偏好较低的投资者进入股权投资领域。从另一个角度来看，S 基金所面对的像是一级市场投资机构的"二级市场"，可交易、可流动、可竞价。2019 年

4月，目标规模达 100 亿元的深创投 S 基金宣告成立，成为规模较大的市级国有投资平台创新产品之一。

S 基金具有投资周期相对较短，底层资产相对清晰，资产流动性较高，能够降低盲池风险，交易价格更具性价比等优势。正因为 IPO 标准越来越严格，证券公司投资银行、律师事务所、会计师事务所的责任更加重大，真正成为企业上市的"守门人"。同时，大批的基金没办法及时募集到第二期产品，对第一期产品进行接收，所以才给了 S 基金以逸待劳"收割"果实的机会。

捡便宜投资基金公司是一家具有国有成分的混改制基金管理公司，其国资比例占 35%，投资团队占 65%，因此在募集基金的时候，国有上级单位可以出资 30% 作为基石投资人。团队经过分析发现，直投基金找项目越来越难，不如去找一些曾经辉煌过的企业的老股。而批量打包去拿老股的方式就是成立一只 S 基金，这样既可以用比现在估值便宜 30% 甚至更多的价格获取多家成熟公司的股份份额，从而维持较高的收益水平，又能通过已经成长为链主企业的被投企业，去寻找产业链上有潜力的公司进行直接投资。

捡便宜基金的管理合伙人老六总是财务出身，精于算计，思想上也有些保守，不愿意冒太大的风险。经过慎重考虑，合伙人集体同意由他来分管这只基金产品。最终，在国企和团队的共同努力下，一只管理规模为 20 亿元、实缴资本达 10 亿元的 S 基金顺利成立。

老六总接过盘子来就开始安排人对排名前 50 的 VC 基金产品进行梳理，秉持"知己知彼，百战不殆"的原则，以确保谈判时能充分了解情况，不被对方占便宜。

梳理完，老六总心里有了数，脸上乐开了花。前 50 的 VC 不愧是前 50，不但基金持有的企业优质，而且还相当便宜，估计在谈判的时候没少下功夫。老六总已经开始计算到底是五折拿还是三折拿份额了。

经过几天的策划，老六总对基金宣传活动的头部组织方提出，希望参加论坛并主讲 S 基金进行宣传。他期望活动主办方广撒英雄帖，尤其是对急于转卖份额的前五十名基金的合伙人，因为这些人很可能会成为捡便宜基金锁定的合作对象。

活动如期举办，当天竟然来了 30 多个目标基金的合伙人，这让老六总兴奋不已，感觉自己仿佛站在了个人表演的舞台上，活动变成了他的主场。

老六在题为《S 基金是资本寒冬中的一朵红梅》的演讲中讲道："S 基金可以变相理解为纾困基金，市场化程度高，估值谈判遵循规律，成为除了上市并购退出之外第三张为基金产品保驾护航的王牌，也是能帮助同行渡过资金清算难关的秘密武器。捡便宜投资管理的 S 基金暂时没有特别针对的行业，但是科技行业肯定是优选，一方面是做耐心资本，陪被投企业多奋斗几年；另一方面，也希望用自己管理的直投基金为企业产业链再次赋能，打造围绕链主企业共同进步的产业集群。"

老六不愧是老六，在演讲口才方面堪称高手，不得不说，他的演讲确实为那些想出清份额的基金提供了极大的帮助。一方面捡便宜基金虽然是市场化运作，但是也有国有成分，在估值逻辑和估值定价上都算得上公平，没有过度压榨的冲动。另外，那些想出售份额的基金本身就没有报太大的期望，他们手里想出清的份额也是在多个项目退出之后剩下的寥寥几个而已。总体来看，从资产池分析，这些份额没有带来太大的回报压力，而企业的回购能力尚不确定。因此，可以让出一部分份额由企业创始人来收购，或者由企业本身收回用于团队股权激励，甚至直接卖给捡便宜投资的 S 基金。分而治之，反而能够高效地推进基金清算事宜。

老六成为解救一众 VC 苦难人士的救世主。虽然并不知道退出的时候，这只 S 基金能够赚到多少钱，但是从估值上来看，已经足够安全。除非被投标的一蹶不振，或者遇到不可抗力因素，否则基本不可能亏到老六持有老股时的价格水平。

明太祖朱元璋征求学士朱升对他平定天下战略方针的意见时，朱升也给朱元璋提出了一条建议"高筑墙，广积粮，缓称王"。在中国共产党的隐蔽战线中，为了保存革命力量，在国统区也提出"隐蔽精干、长期埋伏、积蓄力量、以待时机"的十六字方针。基本上可以称之为"以逸待劳计"的演化版本。

福特汽车在美国汽车界的地位举足轻重，老谋深算的亨利·福特在纷繁复杂的竞争中，也能够守得初心见月明。福特汽车最早在汽车界登顶源于其设计的黑色 T 型车，由于其独特的设计理念，优雅大气的风格，在 20 世纪初风靡一时。竞争对手之间的互相抄袭和诋毁在所难免，尽管有些竞争对手推陈出新，将汽车颜色涂得五花八门，受到了众多消费者的喜爱，但在车型设计上却并未下足功夫。

亨利·福特在黑色 T 型车被经销商们质疑已经落后于时代和竞争对手时，依然坚持己见，最终在市场上遭遇了滑铁卢，工人们因为没有太多订单也由两班倒变成了白天才上班。

管理层和经销商都非常着急，希望亨利·福特能够大刀阔斧进行改革，效仿竞争对手在颜色上有所突破。然而，亨利·福特并没有选择在颜色上下功夫，而是着手车型的创新。1927年 5 月，福特突然宣布将生产 T 型车的工厂全部停工。要求经销商迅速清完 T 型车的库存。在大家惊讶的目光中，1927年 12 月，亨利·福特用买来的轮船废钢铁生产出了更加轻便时尚的 A 型车，并正式上市。

在追求时尚的美国人眼里，Ａ型车的优势是Ｔ型车没法相比的，销售市场极为火爆，Ａ型车引领福特汽车再次迎来辉煌时期。

亨利·福特的以逸待劳属于后发制人，也属于绝对自信的表现。在对市场进行调研和对经销商群体的稳定性有足够信心的前提下，他敢于迅速铺开最新的产品，并打造了一股潮流。

千万不要把以逸待劳的"待"字当做守株待兔的"待"，前者推崇的是主动的改变，以应对新的形式；后者纯粹是被动的等待，全凭运气，肯定是不足取的。三十六计里面的每一个计策，都是施计者主动为之，为了胜利，运筹帷幄，谋划已久，尽人事听天命，这样才能把握自己的命运。"我命由我不由天"也是告诉大家，要专注于自己能够掌控的事情，不要去为不可掌控的事情烦恼。做好自己，就已经是最大的努力了，无需后悔与抱怨。

申请发明专利其实也是一种"以逸待劳"的商场竞争方式，专利发明的提前研发是让自己立于不败之地的重要策略。科技巨头微软、苹果、华为、三星、爱立信等每天都在不停地诉讼别的公司侵犯自己的专利权，这在一定程度上能够拖延对方产品的公开销售，影响力强的话，还能够让对方的股价应声大跌。如果对方不能容忍历时长久的诉讼，那就只能乖乖地交"专利使用费"。

2024 年上半年,"非洲手机之王"传音控股因专利纠纷被高通起诉。2024 年 7 月,高通在印度德里高等法院起诉传音控股侵犯其四项非标准基本专利。当时,高通发布声明称,传音控股近期就其一部分产品与高通公司签署了许可协议,但其绝大部分产品至今未获得高通公司的许可,仍然在侵犯高通公司极具价值的专利组合。

同样,在 7 月底,高通在欧洲统一专利法院汉堡地方法院对传音控股及其欧洲子公司以及德国、荷兰部分经销商提起了专利侵权诉讼。此次诉讼涉及一项欧洲专利,主要涵盖与芯片和基于地理标签的搜索技术相关的"卫星定位系统"专利技术。

虽然传音控股随后也表示会快速与高通达成和解,但是这几项专利组合已经触及传音控股产品的核心功能模块,可能会对传音控股的销售带来不小的打击。因此,在二级市场上,传音控股被起诉四个月以来,其股价下跌了约 35%。

传音控股的案例也提醒大家,专利的申请和使用不仅限于中国,如果有国际市场拓展的需求,还需要申请国际专利。

第四章

基金真的没那么好管

私募股权投资基金的成立和运营真的是"八仙过海，各显其能"。家家有本难念的经，不管什么性质的机构都是一座围城。曾经的好日子已经一去不复返了，"募投管退"作为四大关键节点，成为大多数一级市场机构的痛，过一关就掉层皮，再过一关掉块肉，基本上没有无痛就能够忍过去的节点。

　　基金作为一家追逐盈利的企业，合伙人每天都背负着房屋、水电、人员工资等各种费用，做业务跟打仗一样，稍微不努力就会破产清算。打仗靠兵法，经营公司要有章法可循。从简单的商业实质上来说，基金公司的运作是吸引资金，然后找到优质标的投出去，这其中涉及的专业度、运气、项目储备等多方面因素都至关重要。

　　说在"募投管退"中用计策，真的也是有点牵强，"干就完了"才是主旋律。

累死人的募资

《三十六计》之"胜战计"，第二计围魏救赵，原文是：

"共敌不如分敌，敌阳不如敌阴。"

意思是进攻兵力集中、实力强大的敌军，不如使强大的敌军分散减弱了再攻击。攻击敌军的强盛部位，不如攻击敌军的薄弱部位来得有效。

按语 治兵如治水，锐者避其锋，如导疏；弱者塞其虚，如筑堰。故当齐救赵时，孙子谓田忌曰："夫解杂乱纠纷者不控拳，救斗者不搏击。批亢捣虚，形格势禁，则自为解耳。"

在股权投资行业看来，现在的社会资本来源非常匮乏，一方面需要小步快跑，募集到多少就投多少；另一方面，需要有大批的"小纵队"资金介入，并且有大批储备的满足基金条件的投资人作为新生力量做补充，才有可能让募资工作顺利完成。

在大批的三方财富公司、P2P公司暴雷的背景之下，众多投资者对此类机构不满，这种情况增加了金融风险并带来了社会不稳定因素。为此，监管机构修改了合格投资人的标准。2023年12月8日，中国证监会发布了《私募投资基金监督管理办法（征求意见稿）》，该征求意见稿将合格投资者的标准进行了修改，使之与由央行、银保监会、证监会、外管局等四部委联合发布的《关于规范金融机构资产管理业务的指导意见》（简称"资管新规"）的要求持平，即具有两年以上投资经历，且家庭金融资产不低于500万元，家庭金融净资产不低于300万元，或者近三年本人年均收入不低于40万元。但是，这个规定目前还没有发布正式稿，尚未实施，因此私募基金的合格投资者仍然沿用之前的认定标准，即净资产不低于1 000万元的单位，或者金融资产不低于300万元或者最近三年个人年均收入不低于50万元的个人。上述征求意见稿中还将私募股权、创业投资基金合格投资者的起投金额调成了300万元，但由于没有正式落地，因此目前私募基金合格投资者的起投金额目前仍然是100万元。这也代表了监管机构的态度和未来对合格投资者的要求开始逐渐趋严。

帮你花钱股权投资基金管理有限公司是一家专门投资芯片和新能源赛道的基金管理公司，在业内赫赫有名，业绩和口碑都在这两条赛道的第一梯队。近几年，国内的资本市场也出现了不小的变化，导致帮你花钱基金的几只基金产品在退出层面的DPI（投入资本分红率）无法达到1，这不仅影响了产品投资者的收益率，还拉长了收益周期，引起了不少原有投资者的不满。

对于投资标的来说，帮你花钱基金是"金主爸爸"，反过来，在帮你花钱基金看来，原有的投资者才是真正的"金主爸爸"，自己只不过是通过专业能力得到了管理"金主爸爸"们资金的准入资格。因此DPI考核不亚于一次高考，涉及下一只基金产品的募集速度和额度。

维护好投资者的关系是基金的使命之一，所以在基金合伙人大会召开之际，基金全员的任务都是让原有的LP们开心且放心。在大会讲话过程中，管理合伙人章总代表基金管理公司对"金主爸爸"们表示了衷心的感谢，演讲感人肺腑又情真意切。他重点分析了DPI不达标的原因。既阐述了客观原因，又提出了通过S基金和上市公司并购以及投资标的的实际控制人进行回购等多种形式，来加快投资收益率的保障和资金回收速度的策略。晚宴上，气氛热烈，觥筹交错，章总展现出一种仿佛不把 LP 们喝倒了就不罢休的架势。

尽管原有 LP 们虽然对 IPO 现状都非常清楚，对帮你花钱基金的专业能力也非常认可，但是毕竟自己的钱包也开始缩水了，他们纷纷表示愿意在下一只产品中可以继续投资，不过希望产品规模不要做得太大，因为自己的资金有限，难以承担更大的投资额度。章总对这样的结果已经很满意了，算得上是宾主尽欢。

之后，章总开始做专项基金，将原来资产池里的项目分别拆开来去路演，要让自己在 LP 们的眼中变成实打实的耐心资本，投一家成一家，不能再广撒网。

帮你花钱公司专门成立了 CRM（Customer Relationship Management，客户关系管理，简称 CRM）部门，对 LP 的所有诉求都要摸清楚。比如偏好哪些行业，偏好什么阶段的公司，偏好什么样的创始人，偏好什么样经历的团队，对股权架构有没有特殊的要求，对业务有没有可以赋能的领域，对共同成立销售合资公司有没有诉求等，标签打得越细，就越能找到突破点。

其实也不能说这就是 LP 们的弱点，可以理解为其痛点和关注点。只有知道 LP 们需要什么，并且从细节入手，无微不至地满足他们，解决了他们的问题，我们才能解决自己的问题。

想写一首好诗，功夫在诗外。不是喝醉了都能变成李白，也不是颠沛流离之后都能成为杜甫，在终南山下采菊两三朵也不代表你是陶渊明。做事情需要下功夫，募资亦是如此。

生产商品 TO B（面向企业）的厂家需要想尽一切办法联系上买方，搞清楚对方的真实需求，然后安排人员深入研发，达到效果之后尽力算好如何才能降低成本，增加己方的利润。私募股权基金也是如此，产品是一个壳子，需要大量的资金来支撑。这些资金可能源自保险资管、三方财富等机构，也可能来自企业家、艺术家等个人。其核心目的在于满足客户的保值增值需求或者其他诉求，同时辅助解决客户的个人问题。

不管是多么知名的投资人、导演还是编剧，都需要找投资。汪海林，这位曾经做过《爱国者》《楚汉传奇》《铁齿铜牙纪晓岚》《神医喜来乐》等影视剧的知名编剧，曾经在"影视圈20年目睹之怪现状"论坛中说过：

"我经历了各种投资人，有煤老板、房地产商，到现在是互联网企业，但最好的还是煤老板，他们几乎没有别的任何要求，根本不会干预我们的创作，很重要的一个原因是，煤矿里面如果瞎干预是会出人命的，他们有一个安全生产的意识。真的，他们是特别尊重专业的人，因为挖煤这个事真的不能瞎干预。"

汪海林说，"房地产商也还好，他们也不干预你创作，但是他们喜欢管理。最差的是互联网企业进来以后，他们有很多自己的想法，大数据啊、各种流量、大 IP 啊，越来越离谱。现在煤炭企业也不景气，我们特别呼唤他们再回来"。

影视剧市场和投资的萎缩肉眼可见，这是由于投资更加趋于理性，不再像过去那样粗放。也正因如此，影视专业人士对更多"外行管理内行"或者说更强的参与意识表现出了不耐烦。

时过境迁，资金都不是大风刮来的，风控的各种手段也逐渐引入到国内的影视剧行业。比如，中国影视完片及制作保险即完片担保制度的建立，其实也给从业人员带来巨大的压力。如果不承受压力，就拿不到投资，多么简单粗暴的真理，各行业人员其实都不应抱怨，所有的工作方法都是应运而生的合理产物。

由此可见，无论是什么样的专业，或者供需双方有什么样的诉求，都要互相尊重，道不同不相为谋，但为了成事，也不得不求同存异，想要找到完全契合的两块榫卯看起来真的很难。

募资靠心理学，找钱靠执行力，寻求自己的心头好，求别人割爱来成自己之美，确实需要两者都满足，两手都要硬。

宋老三是做房地产出身，几块好楼盘的开发让他腰缠万贯，挥金如土。偶然的一次机会，他喜欢上了古董，这里的古董指的不是墓葬里挖出来的老物件，而是一直被收藏家或祖辈们传下来的老物件。

宋老三在聚会上听朋友说，新加坡有位老妇人梁女士家有件汝窑青瓷碟，他听后兴奋不已。宋老三一直把天青色认为是自己的幸运色，汝窑的珍贵不用多言，放在客厅里可以匹配自己的身份。据不完全统计，目前留传下来的汝官窑产品不足百件，其中多收藏于北京故宫博物院、台湾故宫博物院、上海博物馆、英国大维德基金会及日本的一些博物馆中。宋老三立刻缠着朋友要了梁女士的联系方式，并给梁女士打了电话。

梁女士已经病入膏肓，且无儿无女，在私立医院里进行临终关怀，憔悴之余放开了心态。宋老三作为汝窑的痴迷人士，一心想要打动梁女士，但是也清楚这种将生死看淡的人士根本不在乎钱，钱也带不到坟墓里。于是，他想用情怀来打动梁女士的心，同时也能在最后的时候帮助梁女士完成心愿。

宋老三得到了梁女士的同意，进了病房，旁若无人地诉说了自己的梦想："梁女士，我是一个爱国人士，老祖宗留下的文化遗产我是非常珍视的，并且希望像法国卢浮宫一样，做一个私人博物馆，让孩子们免费参观，接受优秀传统文化的熏陶和教育。孩子们只有在启蒙时接触到最顶级的艺术，才能在未来分清楚什么是优劣，才能创作出更好的艺术品。我也一把年纪了，攒下的钱现在都用来请这些名师大家的艺术品回博物馆，也算是对我的列祖列宗尽一份孝心，为我们国家的文化事业尽一份力吧。"

梁女士看着宋老三真诚的眼神，说道："看得出来，宋总是真真正正为了国家和民族考虑，这样的企业家现在并不多了，我不缺钱，也不留恋世间。你说的话让我感动，我也愿意把这件汝窑捐赠给你的私人博物馆，也算是我的一份心意吧。"

真诚永远是必杀技，平心而论，可以说宋老三并没有使用任何计策，或者说，在大道面前，一切技巧性的东西都是低劣的，而真心和真情则更有可能让对方感同身受。

基金的募资，总的来说，需要全面满足 LP 对专业资产管理公司和投资公司的各项诉求，包括从业人员的专业度、资产的优质性、退出期限的匹配度、风控的严格程度以及收益匹配度等，只要细致地理清楚诉求并尽可能与之匹配，相信募资也并非不可能完成的任务。

卷死人的投资

《三十六计》之"胜战计"，第三计借刀杀人，原文是：

　　"敌已明，友未定，引友杀敌，不自出力，以《损》
推演。"

　　意思是敌人的情况已经明了，友方的态度尚未确定。利用
友方的力量去消灭敌人，自己不需要付出什么力量。这是从
《易经·损卦》推演出的计策。

　　按语　敌象已露，而另一势力更张，将有所为，便应借此
力以毁敌人。如：郑桓公将欲袭郐，先向郐之豪杰、良臣、辨
智、果敢之士尽书姓名，择郐之良田赂之，为官爵之名而书之，
因为设坛场郭门之外而埋之，衅之以鸡猪，若盟状。郐君以为
内难也，而尽杀其良臣。桓公袭郐，遂取之。

　　诸葛亮之和吴拒魏，及关羽围樊、襄，曹欲徙都，懿及蒋济
说曹曰："刘备、孙权外亲内疏，关羽得志，权必不愿也。可遣人
劝蹑其后，许割江南以封权，则樊围自释。"曹从之，羽遂见擒。

　　从投资的角度而言，在面对不算理想的投资标的时，尽量
不用自己第一梯队的产品去做投资，无论是在一级市场还是在
二级市场，都应遵循这一原则。在面对动心的投资标的时，我
们应尽量在动用存量基金产品投资的同时，着手为下一步募集
资金做准备，预留部分份额作为"诱饵"，吸引下一批潜在的
LP。这样做，一方面可以真正让LP享受到投资红利，另一方面
也证明了自己的投资专业度，渲染整体实力。同样，我们也可

以推荐合作伙伴先介入一轮，从而为自己争取到更有利的介入角度和筹码。

不怕给钱投资公司属于第一梯队的股权投资公司，主要发掘的是成长期、成熟期的项目，在投资圈是大批 VC 心目中最理想的下一轮投资人。由于成长期、成熟期的项目也需要孵化，不怕给钱基金的投资策略是，在挖掘项目过程中，如果碰到阶段不符合自己的基金产品投资要求，又能与之前合作的 VC 机构相契合的，就推荐给合作机构。

当然，这种推荐并非无偿，但也不是为了收取 FA 财务顾问费用。比如，不怕给钱基金找到了力压群雄科技公司，这家公司以高端机床为主要产品，研发进度非常快，年收入大概在1 000万元，而估值已经被推高到 5 亿元。

力压群雄科技公司的创始人高博士对不怕给钱投资公司的名声仰慕已久，非常希望本轮能获得其投资。然而，不出所料的是，由于该公司目前的发展阶段不符合不怕给钱投资公司的投资要求，高博士的请求被婉拒了。

不怕给钱基金推荐了就得给钱创业投资公司，阶段匹配，又是多年的合作伙伴和好友，就得给钱基金也觉得力压群雄科技公司的产品具有前瞻性，技术也过关，并已经被大客户认可，处于产能和收入爆发的前夜。在经过细致的尽职调查之后，就得给钱基金投资决策委员会决定投资。不过，在投资之前，它们还配合了不怕给钱基金进行了一番操作。

具体操作手法是不怕给钱基金要锁定本轮之后下一轮的投资份额，还要洽谈更好的估值，在附条件或附期限的框架协议条款达成时，该公司就要触发优先认购权。

优先认购权指公司拟增加注册资本时，其在作出同意增资的股东会决议之后的数个工作日内，向投资方（"优先认购权人"）发出书面通知（"拟增资通知"），写明公司希望增加的注册资本的数额（"拟增注册资本"）、公司提议的拟增注册资本的发行价格和支付时间表，优先认购权人应有权根据拟增资通知中约定的条款和价格，优先于其他公司股东及任何第三方认购拟增注册资本。

不怕给钱基金便与力压群雄科技公司签署了投资框架协议，并且是有法律约束力的框架协议，约定其在本轮融资结束 3 个月之后，9 个月之内再次增资扩股，具体确定了几个条款：

（1）不怕给钱基金应在收到力压群雄科技公司拟增资通知的三十个工作日内，做出是否增资优先认购的决定，并书面通知决定认购的增资额。优先认购期限内，不怕给钱基金的拟认购的增资额计算公式：拟认购增资额上限＝拟增注册资本×该优先认购权人所持的公司股权比例。

（2）在不怕给钱基金未全部认购增发注册资本的情况下，力压群雄科技公司有权在优先认购期限届满之日起九十个工作日内按照增资通知中约定的价格和条件向第三方发行未认购部分的增发注册资本。增发注册资本未在九十个工作日内完成的，力压群雄科技公司重新发出拟增资通知，不怕给钱基金就该增资再次获得优先认购权。

（3）力压群雄科技公司对不怕给钱基金增发的股份价格不得高于上一轮投后估值的 1.2 倍，且释放给不怕给钱基金的股份为全部股份的 10%～15%。

（4）优先认购权不得转让给第三方。

在条款中，不但锁定了下一轮对不怕给钱基金的价格，更锁定了相应的份额，避免出现因为市场对力压群雄科技公司融资的火爆而发生出让份额降低的情况，因为这对于想要低价拿到力压群雄科技公司股份的不怕给钱基金是不利的。由此可见，虽然不怕给钱基金并没有收取 FA 费用，放弃了短期的利益，保住了基金投资公司的纯洁度，但是也将风险压到了最低，使得该基金可以在下一轮低估值进入市场。这种策略实际上是将原本应赚取的费用折算到了未来估值层面。假设力压群雄科技公司的市场表现不佳，研发进度未能快速变现，那么，不怕给钱基金可以选择放弃，选择权掌握在自己手中。

投资的赋能可以是前置的，也可以是后置的。对于发展前景良好的企业，投资人打心眼儿里是想帮助企业发展的，投资业务只是主营业务，投资人也可以通过帮助企业对接业务来获取销售收益。

强势的投资人确实只要拿出自己的身份和过往经历，便能在商务谈判中拿捏被投企业。处于弱势的一方，就需要借势，不是说狐假虎威，而是让师出有名。

古代最有名的借刀杀人故事是二桃杀三士，晏婴是齐景公的卿相，位居高位，却总是被齐景公手下三位勇士公孙接、田开疆、古冶子冒犯。晏婴知道三人虽然居功自傲，但也情同手足，便请齐景公将后花园最好的两个桃子送给了三人，桃子数量有限，晏婴希望他们根据功劳大小来决定谁来吃桃子。

公孙接说自己曾经枪挑野猪，拳打猛虎，勇力无敌，吃个桃子无可厚非。田开疆说自己连续两次击败敌军，杀敌无数，完全有资格吃一个桃子。古冶子说自己护驾有功，斩杀水中巨物，居功甚伟，吃桃子也是理所应当。公孙接和田开疆羞愧难当，愿意把桃子拿出来给古冶子，两人自刎而死。

古冶子看到二人为己而死，且他们三人已经结拜为兄弟，却仍因争夺一点荣誉而互相伤害，深感自己不仁不义，自觉不配吃桃子，心中十分羞愧，于是也放下桃子，刎颈自杀。

晏婴对人性的理解达到了极高的境界，他巧妙地运用心理学原理，通过自信、自负、羞愧等情感在实践中的推演，仅凭御赐的两个桃子，就轻松除掉了三位勇猛的干将，其手段之高明，确实令人咋舌。

成就感是自己通过努力取得的，而荣誉感是可以通过官方手段赋予的。在得到官方认证的情况下，荣誉感会被极大地增强，以至于激发起过度的好胜心，进而导致心理偏差。若一旦失去理智，个体就会被他人所利用。

谈到借势，就一定要讲一下知名运动品牌耐克借助美国NBA篮球巨星迈克·乔丹（Michael Jordan）的故事。

2024年的最新电影《AIR》把耐克和迈克·乔丹的故事搬上了大荧幕，把耐克请乔丹代言的历程讲得一清二楚。

在请乔丹代言前，耐克的市场份额小，品牌影响力长期受到阿迪达斯和匡威的压制，几乎无力反击。耐克请到的明星也并非一线，但品牌知名度和宣传力度都未能达到顶级梯队的标准。长此以往，耐克面临倒闭清算的风险，因此亟需改变现状，寻找一位形象和体坛地位出色的代言人。

作为NBA新秀的迈克·乔丹成了耐克攻坚克难的救命稻草。在代言费用、球鞋设计、销售分红机制等多个方面，耐克向迈克·乔丹展示了最大的诚意。实际上，耐克这是在进行一场风险投资，寻找并押注潜力股，期待跟随潜力新星的崛起一飞冲天。

随着乔丹"篮球之神"的声名鹊起，耐克从运动品牌第二梯队一跃成为与阿迪达斯并驾齐驱的第一梯队。每年 AJ 系列球鞋给乔丹的保底分红也十分可观，据披露测算，乔丹在 2018 年分红 1 亿美元，2019 年分红 1.17 亿美元，2020 年分红 1.3 亿美元，2021 年分红 1.6 亿美元，2022 年分红 2.56 亿美元，2023 年分红 3.3 亿美元。

耐克在乔丹身上尝到了借势营销的甜头，也尝到了"借刀杀人"力压匡威、锐步等品牌的威力。此后，耐克相继签下了勒布朗·詹姆斯（LeBron James）等一众知名球星，借助明星的号召力和影响力，不仅保持了品牌在消费者面前的曝光度，也稳固了自己的一线品牌地位。

无论是体育品牌、奢侈品还是巧克力这类快消品，都需要跨界借势。在保质保量的情况下，它们深刻认识到眼球经济的重要性。找到适合自己的形象代言人，无疑可以让销售额快速增长。强强联合当然是锦上添花，但想要借助明星或者知名事件来提升自身影响力，自然需要付出更多的代价。直播带货其实是在销售领域的一种借势方式，用最强的渠道来提升收入的增长，甚至还有商家愿意赔钱赚吆喝，等于是把宣传费用挪出了一部分用于销售让利，这种营销方式无处不在。在计算好投入产出比的平衡点后，商家自然而然会考虑到数字经济短视频时代所提供的一个重要选项。

　　所有合作都是建立在双赢的基础上，乔丹也是看到了丰厚的利益，并且对自己的天赋和上升趋势有着清醒的认识，事实证明，这份合同的选择也是无比正确的。在别人想睡觉的时候，送来枕头，一定是最贴心的服务。许多投行人在跟踪拟发债、IPO 项目、再融资项目的时候，经常是出力之后，没有跟紧步伐，导致在未来想发力服务的时候，被竞争对手抢占先机。因此，既然决定要得到客户的认可，就一定要跟紧形势，更要抓住时机，力求一击必中。

愁死人的投后

　　《三十六计》之"混战计"，第二十二计关门捉贼，原文是：

　　　　"小敌困之。《剥》，不利有攸往。"

　　意思是要事前策划，关门打狗，不能让贼跑掉，否则穷寇莫追。追上贼，贼也可能跟你拼命，横的怕不要命的，即使把贼抓住了，自己的损失可能也会很大。

按语 捉贼而必关门，非恐其逸也，恐其逸而为他人所得也。且逸者不可复追，恐其诱也。贼者，奇兵也，游兵也，所以劳我者也。《吴子》曰："今使一死贼伏于旷野，千人追之，莫不枭视狼顾。何者？恐其暴起而害己也。是以一人投命，足惧千夫。"追贼者，贼有脱逃之机，势必死斗；若断其去路，则成擒矣。故小敌必困之，不能，则放之可也。

从投资的角度看，不应将自己的投资机构局限于投资种子期、成长期、成熟期的项目。如果觉得项目足够优质，即使现有的基金产品没办法投资，完全可以再成立一只基金产品，或者拉上三五好友共同投资，不要让好项目溜走。否则，多年以后可能会后悔不已，甚至可能在项目估值更高时才意识到错过时机而不得不投入更多。

每个投资机构都不可避免地错失一些好项目，这些现在看起来非常成功的创始人，可能当时或许都因种种原因被你筛选出来，认为不适合投资。站在历史的长河里，即使时间倒流，你依然不会去投它。不过眼光的不断磨砺，在后面的时间节点上，当再发现好项目时，就不能再优柔寡断，而应果断出手。不管亏了还是赚了，这都是一次宝贵的体验和投资尝试。

投后管理并非一个伪命题，有能力的战略投资人往往会主动出击，没能力的财务投资人，除了提供资金和对接过往投资项目的资源外，投后管理别无他法。他们最多就是按照季度索要财务报表，若拥有董事会席位，则可能参与一下董事会决策，了解公司的发展现状和战略规划，能帮上忙的寥寥无几。

铜墙铁壁科技公司是一家在主板上市的涂料行业龙头企业，在家装和工装市场占有率排名靠前的情况下，雄心勃勃地计划进入工业涂料领域。

IPO的条件趋严对铜墙铁壁公司的影响不大，反而创造了大量的行业并购机会。民营企业的优势是灵活，在快速尽职调查后，董事会拍板，快速出手，稳准狠。

首先，要对能够产生协同效应的行业进行并购，在建筑领域瞄准了家具涂料的前十名企业，经过悉心挑选后，最终选定了能够为现有客户提供产品的家具涂料公司。

其次，瞄准新能源行业发力，聚焦风力装备涂料和储能集装箱涂料，主要看到风电和储能行业增长速度突飞猛进，市场容量足够大，扩展业务需要的资金自己可以通过定向增发的方式提供。在双向奔赴的前提下，铜墙铁壁公司选定了业内前五名的公司作为并购目标，并向这些公司在公司管理、人力管理制度、财务审计以及风控合规等方面派驻了管理人员，按照监管要求，快速解决了大量的历史遗留问题。

再次，经过缜密分析，铜墙铁壁科技公司认为新能源汽车将成为与储能、风电、光伏并驾齐驱的支柱产业。汽车产销两旺，且出口需求旺盛，自己应该在汽车涂料方面发力，采取参股与控股并行的策略。鉴于市场太大，可以把财务投资和战略并购相结合，于是，铜墙铁壁公司对多家市场头部的汽车涂料公司增持，并成功收购了一家行业排名前五的汽车涂料公司。

最后，在以战略投资部为投资主体的同时，公司与几个知名院校成立了天使基金，对几个不同板块的产品进行升级迭代，几乎把行业专家巨擘的实验室都联合起来，成为科技成果转化的尖兵。

铜墙铁壁公司的关门捉贼计，是利用自己上市公司的先发优势，在对市场容量和企业市场份额的充分论证后，避免重复建设，通过并购快速让市值和收入齐升，同步进行增发获取更多的资金储备，抢占市场份额。

下一步，铜墙铁壁公司将联合各地政府成立专项基金，利用这一基金进行战略布局，以迅速建立现代化工厂。这些工厂将在某些省份落地，提升产能，覆盖周边区域的产品供给。此举有利于降低交通运输费用，且能够得到当地政府的各项政策甚至市场订单的支持。

同时，铜墙铁壁公司的团队均出资作为 LP，专门投早期项目。一方面可以伴随并购标的的成长而获得收益，另一方面也能让管理层接触到最前沿的市场讯息，避免患上"大公司病"，尾大不掉。鉴于铜墙铁壁公司是链主企业，又是市值庞大的上市公司，很多产业链上的供应商和客户也都愿意成为该基金的LP。毕竟，在未来项目退出时，有铜墙铁壁公司这样的大龙头企业"兜底"，能收购就收购了，这也真正体现了资本和产业的完美融合。

除了资金和管理上的投后管理能力足够强大之外，铜墙铁壁公司在被收购公司的所有潜在客户那里基本都能迅速进入采购"白名单"，从而顺利参与投标，并依托主体的资质得到较高的评分。这使得被收购公司在供货速度、生产成本、人员服务等各方面配备资源得到了显著提升，从这一角度来看，用脱胎换骨来形容被收购公司的转变，也不为过。

抓大放小，抓主流抓主要矛盾，都是辩证法理论中需要遵守的常识。假冒伪劣产品尤其是对地理标志的滥用，都是让人头疼的事情。虽然有科技手段进行规范，但依然解决不了存在于商业逻辑中投入产出比的问题，这也注定假冒伪劣的现象会长时间存在。

产品的商业化管理跟舆情处理有几分相似，前者是要不断加大正品的产能，压缩假冒产品的生存空间；后者是不断删除不良新闻的帖子，降低负面影响，同时集中发布一些正面宣传，可以对冲不良影响，引导公众的关注点转向正面舆论。

随着人们消费水平的不断提高，大家更愿意去买地道的、绿色的健康食品，因此也就产生了优质地理标志产品与假冒产品并存，而假冒产品试图通过冒充来获取品牌暴利的冲突。

五常大米是黑龙江省哈尔滨市五常市特产，中国国家地理标志产品。因为特殊的地理位置优势，五常大米生长环境中赋予大米的干物质含量高，直链淀粉含量适中，支链淀粉含量较高，食用后对人体健康大有益处。

2022年，五常优质水稻产量达130万吨，生产成品五常大米70万吨，但在各个平台售卖的五常大米远远不止于此。为此，五常市政府牵头建立了五常大米溯源防伪系统，对每一粒大米从田间到餐桌的全链条实行数据上链、可视化溯源管理等，这在一定程度上有效防止了假冒伪劣产品的出现。

2024年年初，有知名打假人士公开举报，指出某网络红人在直播带货中销售的五常大米存在质量问题。他声称，经过专业检测，该大米与正宗稻花香二号的遗传相似度仅为71.16%，远低于正品标准，故认为此次直播带货可能涉及虚假宣传和以次充好的行为。

有同样遭遇的还有阳澄湖大闸蟹，这也是典型的地理标志产品。周边的大闸蟹去阳澄湖"洗个澡"，就说是阳澄湖土生土长的螃蟹。为了对购买真正的阳澄湖大闸蟹的消费者负责，应采用摄像头、识别码等形式进行防伪。对平台上生产和销售假冒伪劣阳澄湖大闸蟹的商家都要予以严惩。通过严厉处罚一些大的造假经销商，使其不敢再造假，这样才能达到维护社会公序良俗的效果，维护当地的生产和流通秩序。

食物是吃到肚子里的，如果网络销售或者直播平台出现假冒伪劣产品，生产企业采取掺杂掺假、以次充好、以假充真、冒用地理标志、商标侵权等违法行为，最终这些行为都将在民事、刑事和行政方面受到相应的处罚。

《地理标志产品保护规定》第二十四条指出："违反本规定的，由质量技术监督行政部门和出入境检验检疫部门依据《中华人民共和国产品质量法》《中华人民共和国标准化法》《中华人民共和国进出口商品检验法》等有关法律予以行政处罚。"

依据《中华人民共和国刑法》第二百一十三条规定的假冒注册商标罪，未经注册商标所有人许可，在同一种商品上使用与其注册商标相同的商标，情节严重的，处三年以下有期徒刑或者拘役，并处或者单处罚金；情节特别严重的，处三年以上七年以下有期徒刑，并处罚金。

网红主播作为受人关注的大销售渠道，必然是保证产品销售真实度的主战场。市场监管部门完全可以通过科技手段，对线上线下的假货生产和销售流通渠道能扫尽扫，对犯罪行为当事人能抓尽抓，能罚多罚。

曾经有个笑话说，八二年（1982 年）的拉斐红酒总产量都比不上每年在中国消耗的瓶数多。限于投入的人力、财力、物力的性价比考虑，我们不可能对所有小规模违法违规行为进行全面覆盖，对于那些腾不出手来收拾的渠道，可以将执法权力分散到各级监管部门手中，以便将保护范围扩展至所有消费者。

困死人的退出

《三十六计》之"攻战计"，第十七计抛砖引玉，原文是：

"类以诱之，击蒙也。"

意思是要拿足够诱惑得了敌人的物件去"钓鱼"，引诱敌人出现之后，迅速予以打击。

按语 诱敌之法甚多，最妙之法，不在疑似之间，而在类同，以固其惑。以旌旗金鼓诱敌者，疑似也；以老弱粮草诱敌者，则类同也。如：楚伐绞，军其南门，屈瑕曰："绞小而轻，轻则寡谋，请无捍采樵者以诱之。"从之，绞人获利。明日，绞人争出，驱楚役徒于山中。楚人坐守其北门，而伏诸山下，大败之，为城下之盟而还。又如孙膑减灶而诱杀庞涓。

在日常发言中，"抛砖引玉"这一说法用得比较多，是国人谦卑含蓄的表达方式。从投资角度来看，股权投资退出基本有三种方式：被投公司实际控制人或者公司对股份进行回购、上市退出、被上市公司或大型集团公司并购退出等。投资人为了退出，往往也会将当初被投标的对自己"画大饼"的那套逻辑拿出来，诱惑收购人，为的是迅速变现，增加资金的流动性。

在融资节奏方面，也有不少创业公司，将不同系列产品的研发阶段设为里程碑，一步步展示成果，以此吸引每一轮投资机构的关注与投资（即"引玉"）。

2024 年 5 月 15 日，深圳市中级人民法院以"不能清偿到期债务，并且明显缺乏清偿能力"为由，分别受理了柔宇职工债权人对深圳市柔宇科技股份有限公司（以下简称"柔宇科技"）、深圳柔宇显示技术有限公司、深圳柔宇电子技术有限公司三家公司的破产清算申请，并于 2024 年 6 月 6 日指定了上述三个案件的破产清算管理人。

柔宇科技曾经是深圳被神话的企业之一。据公开资料统计，自 2012 年公司成立以来，柔宇科技一共完成了 13 轮融资，在一级市场股权融资共约 61.5 亿元，债权融资约 29 亿元，声称主要用于核心技术开发及公司主营业务发展等。其中不乏深创投、保利资本、IDG 资本、松禾资本等知名机构。

从柔性显示屏研发成功后，它便成为接待大厅的一抹亮色，也是抛砖引玉中的第一块"砖"。在玻璃罩中，一片可以随着风吹不断扇动的柔性屏，成为每一个来柔宇科技参观人士的必看项目。柔宇科技官网上展示着一个潜力巨大的市场前景，据国际权威机构的最新市场研究报告预计，到 2027 年，全球印刷和柔性电子产品市场规模将达到 3 300 亿美金，其中柔性显示屏将成为主要的细分市场之一。

纵观柔宇科技的 13 次融资行为，融资金额和估值增长速度都是大独角兽的做派。2012 年 6 月、2013 年 6 月，深创投和松禾资本投资了 A 轮、B 轮。2014 年，柔宇展示了第一代屏幕，对外宣传为"厚度仅 0.01 毫米的全球最薄彩色柔型显示器"。2015 年 8 月，松禾资本和深创投领投 C 轮，带着基石资本、中信资本、IDG 资本、源政投资、富汇创投、浦发银行、Alpha Wealth、奇势资本 8 家机构，合计投入 11 亿元。2016 年 11 月，WARMSUN 资本、前海母基金、启诚资本 3 家机构投资 5 亿元，此为柔宇科技 C＋轮融资。2017 年 9 月，柔宇再获 8 亿美元的 D 轮融资，其中 5.6 亿美元来自中信银行、中国农业银行、中国工商银行、中国银行和平安银行的债权融资，2.4 亿美元来自汉富资本、浦发银行、中海晟融、檀实资本和 WARMSUN 资本。至此，柔宇科技的估值约为 204 亿元。

E 轮开始才是真正的全力加速，仅仅过去 4 个月，柔宇科技再次获得融资，珠海晟融、珠海兆宸、广州立创八号分别出资 2 亿元，汉富瀚歌出资 1.98 亿元，尽管没有实现估值增加，但公司仍完成了一轮融资，估值也顺势达到 213 亿元。2018 年，柔宇科技发布全球首款可折叠手机 FlexPai（柔派），当年柔宇科技分别在 6 月、8 月、11 月进行了三次融资，估值已达到 286 亿元。

随后，柔宇科技再次"抛砖引玉"，智能手写本柔记 RoWrite、超高清 VR 智能移动影院以及手写本"柔记"等产品，每一个产品都是里程碑，每块"砖"都能引来资本这块"玉"。2019 年，柔宇科技还进行了两次增资，2019 年 11 月是其改股份制并准备冲击 IPO 前的最后一次融资，深圳慧港、天津玮祥及西藏祥盛凑了 19 亿元入股。2020 年 5 月，柔宇科技再获 F 轮 3 亿美元融资，估值达到了 390 亿元。

2020 年 12 月底，柔宇科技向上海证券交易所提交了科创板 IPO 申请，拟申请募资 144.34 亿元，整体估值 577 亿元。2021 年 1 月 31 日，中国证券业协会组织首发企业信息披露质量抽查名单第二十八次抽签仪式，柔宇科技在内的 20 家企业被抽中，接受现场检查。然而，仅仅过去两个月，2021 年 3 月，柔宇科技便撤回上市申请。在接受媒体采访时柔宇科技表示，基于公司股东结构存在直接层面的"三类股东"等适格性的情况尚待进一步论证，决定暂缓此次科创板上市申请。

招股书显示，柔宇科技尚未实现盈利。如表 4-1 所示：2017年、2018 年、2019 年和 2020 年 1—6 月，柔宇科技营业收入分别为 6 472.67 万元、1.09 亿元、2.27 亿元和 1.16 亿元，净利润分别为 −3.59 亿元、−8.02 亿元、−10.73 亿元和 −9.61 亿元。2017 年至 2019 年以及 2020 年上半年，公司累计营收只有5.17 亿元，累计亏损却达到 31.95 亿元。另据柔宇科技招股书，2018 年、2019 年及 2020 年上半年，柔宇科技产量仅为 7 748 片、31.4 万片、4.86 万片；对应的销量分别为 2 099 片、5.27 万片及 2.21 万片。按照招股说明书来看，这样的财务状况确实不可能被其他上市公司并购，只能独立上市。

表 4-1　柔宇科技发行人主要财务数据及财务指标

项目	2020 年 1—6 月 / 2020-06-30	2019 年度 / 2019-12-31	2018 年度 / 2018-12-31	2017 年度 / 2017-12-31
资产总额（万元）	720 794.73	764 962.61	599 573.47	298 974.81
归属于母公司所有者权益（万元）	337 840.63	408 445.27	295 371.94	236 935.03
资产负债率（合并）	53.13%	46.61%	50.74%	20.75%
资产负债率（母公司）	1.99%	2.31%	6.13%	3.47%

（续表）

项目	2020 年 1—6 月/ 2020-06-30	2019 年度/ 2019-12-31	2018 年度/ 2018-12-31	2017 年度/ 2017-12-31
营业收入（万元）	11 607. 37	22 697. 77	10 904. 58	6 472. 67
净利润（万元）	− 96 053. 72	− 107 319. 28	− 80 217. 97	− 35 931. 28
归属于母公司所有者 的净利润（万元）	− 96 053. 72	− 107 319. 28	− 80 217. 97	− 35 931. 28
扣除非经常性损益后 归属于母公司所有者 的净利润（万元）	− 74 389. 69	− 98 564. 94	− 78 619. 87	− 35 899. 76
基本每股收益（元）	− 2. 67	− 3. 11	− 2. 44	− 1. 18
稀释每股收益（元）	− 2. 67	− 3. 11	− 2. 44	− 1. 18
加权平均净资产收益 率（%）	− 25. 74	− 38. 47	− 33. 50	− 29. 78
经营活动产生的现金 流量净额（万元）	− 38 609. 19	− 81 052. 13	− 61 188. 02	− 35 800. 52
现金分红（万元）	——	——	——	——
研发投入占营业收入 比例	502. 01%	258. 25%	447. 88%	247. 87%

数据来源：柔宇科技申报 IPO 的招股说明书。

自那之后，各种负面新闻便层出不穷，直到被员工申请破产。创始合伙人、第一大股东刘自鸿也走下神坛，被限制高消费。柔宇科技还被警示，公司有尚未盈利或存在累计未弥补亏损的风险，持续经营和未来发展存在不确定性，以及营运资金不足及流动性风险等多重风险。

曾经被豪言壮语夸奖过,曾经被多家知名机构站台过的"砖"已经消失不见了,一块块资本的"玉"也已经碎得不知道在哪里了。

投资者的退出遥遥无期。

不管你是多么知名的机构,众多因素都可能导致退出困难。对于软银集团(SoftBank)的 CEO 孙正义,大家并不陌生。他曾对众多中国企业,如阿里巴巴、满帮科技下重注投资。不过,一辈子打雁也可能被大雁啄了眼,更何况是管理了上千亿美元的软银集团呢。

孙正义在共享办公公司 Wework、号称是德国版支付宝的 Wirecard、IRL(In real life,存在真实生活中)社交软件等项目上不断折戟,软银资本铩羽而归,可谓赔了夫人又折兵。

WeWork 是典型的商业模式创新类公司,经营策略是化零为整整体租赁物业,然后化整为零短期租给客户,其实跟商业中的集中采购降低成本是一个模式,只不过场景放到了租赁物业。前期的重资产投入是必然选择,需要付出大量的前期租金,短期分散出租增加了公司的管理成本,装修费用也是较大的一笔开支,大规模多国家的业务扩张对公司现金流考验非常之大,这种模式的特点是资金占用周期长、转嫁租金断档与回收时间存在极大不确定性，资金周转时间可能会被无限期拉长。

然而，孙正义在 Wework 转了一圈，被创始人亚当·诺依曼光脚下楼来迎接的融资小技巧搞得神魂颠倒。在 2018 年、2019 年，通过软银旗下愿景基金投资了 110 亿美元，随后 WeWork 的估值一举被抬升到了 470 亿美元，并宣布启动上市计划，兴奋的孙正义还称 Wework 的创始人是"地球上下一个伟大科技公司 CEO"。

愿景基金是世界风险投资历史上规模最大的风投基金，而 WeWork 是当时全球估值最高"独角兽"之一，强强联合的结果必然造成更大的扩张。得到软银集团大笔资金的支持后，WeWork 的出租工位数量翻了三倍，达到了 60 万个，业务遍布三十多个国家，一时风头无两。据招股书数据显示，2019 年 WeWork 的资产负债已达 60 多亿美元。其中，2016 年、2017 年、2018 年，公司的亏损额分别为 4.3 亿美元、9.3 亿美元和 19.2 亿美元。2020 年、2021 年、2022 年，WeWork 的亏损额分别为 32 亿美元、46 亿美元、23 亿美元。细细算来，2016 年至 2022 年，累计亏损了 149.6 亿美元（约合人民币 1 070 亿元）。亏损从来没有停止过，并且发展到了令孙正义都感到担忧的地步。

投资一定是为了更好地退出，即使不能在二级市场得到投资者的青睐，也要先让它变成公众公司，让股票流通起来。孙正义是深刻理解上市对创业公司股权流动性的意义的。因此，在一系列资本运作下，2021 年 10 月 21 日，Wework 通过 SPAC（特殊目的并购公司）的方式在纽交所挂牌，发行价为每股 10.38 美元，当日开盘价为每股 11.28 美元，当天股价较发行价上涨 8.7%，但公司的市值仅有 90 亿美元，已经不是被腰斩了，而是直接"从脚踝截肢"的。WeWork 上市时，软银愿景基金已成为其最大的股东，持股比例约为 29%。

孙正义在 2020 年年度股东大会上表示，已经把当年从软银获得的薪酬都捐赠出去，为了履行对 WeWork 的责任，孙正义的薪酬实际为零。虽然投资人难辞其咎，但是创始人还是赚得盆满钵满才出局。亚当·诺伊曼因为 Wework 业绩不佳和个人对公司造成不良舆论影响，被公司董事会迫使辞职，但是根据其和软银集团达成的和解协议，亚当·诺伊曼在离职后可以获得约 10 亿美元的股票收购，以及 4.75 亿美元的咨询费和 5 亿美元的贷款。

2023 年 11 月，WeWork 向新泽西州美国联邦破产法院申请破产保护。软银集团的这笔投资可以说是血本无归。

失恋的时候可以看看王家卫的电影《重庆森林》，你会发现即使像金城武那么帅的靓仔也会失恋。电影里金城武说过："不知道从什么时候开始，在什么东西上面都有个日期，秋刀鱼会

过期，肉酱会过期，连保鲜纸都会过期，我开始怀疑，在这个
世界上，还有什么东西是不会过期的?"在此，奉劝所有投资人
都要看看孙正义的这几个失败案例，不用崇拜高高在上的投资
大佬，就像不被金城武的颜值所控制一样。在这个世界上，科
技也会过期，商业模式也会过期，投资的退出期也会过期，总
之，没有什么是不会过期的。

第五章

投资人秉持的
几个悖论

无论哪个行业，都会有能人在行业发展过程中总结出"规律"，然而这种规律往往不是真理，都是概率事件。万事没有百分之百，在新闻舆论眼中，小概率事件是有可能被忽略的，尤其是在当事人刻意隐瞒或者做了舆情管理的前提下，要发现悖论，需要对整件案例的来龙去脉进行剖析，通过蛛丝马迹来分析小概率事件出现的原因。

　　莎士比亚在作品《麦克白》中说道："上帝欲其死亡，必先令其疯狂。"这跟上一章最后一节讲到的问题一样，不要崇拜权威，更不要完全相信总结出来的所谓"规律"，假设这个时候疯狂地去投资或者做商业竞争，那肯定会尝到苦果。只有在明白概率论的基础上不断修正错误的方向和做法，才有可能成功。

　　本章列出的几个悖论都能引人深思，轻信就如同建立在论据不足之上的论点，难以站稳脚跟。

喜欢跟着风口走的人最容易栽跟头

《三十六计》之"敌战计"，第十一计李代桃僵，原文是：

"势必有损，损阴以益阳。"

原意是说在军事谋略上，如果暂时要以某种损失、失利为代价才能最终取胜，指挥者应当机立断，作出局部或暂时的牺牲，去保全或者争取全局的、整体性的胜利。

按语　我敌之情，各有长短。战争之事，难得全胜。而胜负之决，即在长短之相较；而长短之相较，乃有以短胜长之秘诀。如以下驷敌上驷，以上驷敌中驷，以中驷敌下驷之类，则诚兵家独具之诡谋，非常理之可测也。

在投资机构看来，要敢于对风口说不。风口不可能长期在一个行业，也不可能永远都吹得起风口上的猪。要学会适时地调整投资策略，做好投资的风险对冲。

没有英雄的时代，只有时代的英雄，行业也有周期，有发轫、丛芮、苗壮、抽枝发芽、开枝散叶、成熟结果、衰老腐败的规律，依托互联网这种新一代信息技术迸发出效率与效益齐头并进的传统行业，开始出现大规模塌方式裁员现象。去年已经在裁员了，只是有些人还没有意识到。

倾巢之下，焉有完卵。皮之不存，毛将焉附。一方面基于技术不断革新，有一些岗位可以被人工智能替代，减员增效有了可行性；另一方面，经济形势的增长低于预期，业务板块不能很快见成效，原有的集团化扩张，需要保留核心业务，让企业能够在越来越内卷的行业竞争中生存下来，所以大批程序员和非核心部门员工被裁，长痛不如短痛，给个 N + 3 了却凡尘事。这就是时代变迁带来的必然结果，之前塌方的有房地产建筑行业、教培行业、金融行业等，没想到新兴时尚的互联网行业也成了裁员的主战场。

前一段时间，某知名网络平台被曝出已悄然启动新一轮裁员计划，据传此次裁员规模庞大，主要聚焦于绩效评分在 3.5

及以下的员工，约占员工总数的30%。据统计，该网络平台员工的平均司龄仅为半年左右，能在公司工作两年以上的员工已被称为"活化石"。本次裁员的原因是人效比太差，远低于同行业的互联网元老公司。

原来可以朝10晚9的互联网公司也有所改变，晚9依旧，朝10不太可能了。虽然在穿着打扮上依然是牛仔裤、T恤衫，时过境迁的是，拼考勤现在成了互联网公司的标配。前一阵子，京东还专门对代打卡的员工进行了处理，认为代打卡形成了一条产业链，是公司考勤的毒瘤，需要尽快清除。听闻京东员工群里也是怨声载道，互联网原有的工作时间需要发生大改变了。该公司员工曝光说，"例如查考勤，我们是早10晚7，但员工需要在闸机内待够8小时，时间排名靠后的话会被HR谈话"。

笔者曾经见过一家大型投资公司，集团总经理等主要领导亲自下场，在员工打卡现场抽查考勤，若哪名员工以出差为由不能到场，便责令对方立即打开位置共享，检查是否真的出差，是不是按照公司制度出行。一旦发现问题，立即处理。相信这种现象会越来越多，如果不能在量化指标上卡KPI，或者说不能在短期内将一定人数的工作人员清除出工作岗位，那就只能在考勤上做文章，主打一个措手不及。降本增效，其实这是最简单且能够实现的方式之一。

裁员归裁员，企业要生存和发展，终究还是需要招人的，就像之前的数学题那样，一根管子每分钟流出 6 立方米水，另一根管子每分钟流入 5 立方米水，请问这个池子有多大。互联网公司招聘依然是挑三拣四，比如 35 岁以上的员工职级和薪资都可能低于更年轻的员工，美其名曰给年轻人更多的机会。人力资源的员工也可能会超过 35 岁，自己是否也要早做打算。

除了互联网企业，很多高大上的芯片、量子、机器人等前沿高科技行业尤其是初创的高科技行业，也面临着裁员的问题。最根本的原因就是现金流没有转正，投资人的投资款已经用得差不多了，研发跟不上，产品出不来，优秀人才的工资付不起，不裁员公司就要倒闭，只能断臂求生，可谓英雄气短。

十年之前，人工智能还只有人工挖油、拉存款、制药和化妆品、卖电话卡，十年之后电子产品、显卡、元宇宙、电动汽车都是智能的。全球市值前十公司的变迁代表了一个时代的更迭，抓住风口就能抓住财富的把手，随风起舞即可。入局投资英伟达的话，从 2022 年开始至今已经翻了近 10 倍；入局特斯拉，也能有 10 倍的涨幅。资源、能源等消耗型产品为主制造出来的虚假市值繁荣，支撑不起全球 TOP10 的市值，不塌方就需要真实的底层优质资产。

TO B（面向企业）的企业从来都是机遇伴随风险成长的机遇与挑战并存。产品生产出来之后，容易迅速规模化，靠着资源禀赋和技术实力迅速占领政府、军队和企业渠道，并且竭力升级挤掉竞争对手，从而保证后续订单的持续不断。这种风险不但源自竞争对手的威胁，还源于诸如我国政府推动国产替代等支持本土产业发展的政策变动所带来的影响。他们面临的代价不仅包括一些可能会出问题的销售费用项目，还有可能被监管机构发现违规作业的项目，一旦出了岔子，很容易就被清算到底。

而 TO C（面向消费者）的企业尽管辛苦地研究商业模式，制造营销噱头，落地强推各类三四五线城市渠道，投入人力、物力、财力，打广告做产品，却不一定能迅速见到水花。一旦有动静了，产生示范效应了，便会有量变引起质变的效果，比如霸王茶姬、蜜雪冰城等品牌展现的那样。当然，从商业模式的角度看，又有科技加持的 TO C 产品，比如谷歌搜索引擎、Meta 的社交网络、亚马逊的购物平台、微软的操作系统、苹果的各种消费电子产品以及特斯拉的电动汽车等。这些产品通过其优质性，让消费者用脚投票，反而能让创新能力不断提升，系列产品不断迭代。如此，才有了稳定忠实的消费群体存在。

不管哪个行业，都是基于需求，依靠风口起来的。在没起势之前，通常都会有一些兆头。或者说，随着科技进步和算法算力的不断发展，有些风口可以被人为创造出来，至于是否能够被预测，则是另一个问题了。

　　行业政策性垄断确实能够提升国家级资本的实力，说到底还是靠国家机器在后面支撑，强迫大家不得不从中消费，只不过分了几条路径而已。事情分两面，换个思路，如果有强有力的国家机器在背后力挺，再加上高精尖的技术团队赋能，无论是团队全力投入公司运营，还是在外通过战略投资股权或者业务深度绑定，都能够达到双赢的结果。科技行业关键是要有市场化的机制，如果体制限制无法实现市场化运营和收入以及股权激励，那就用非股权绑定的模式，也能各自发挥功效。

　　科技是第一生产力，也是国家经济发展的核心原动力。央企和各省市领导越来越多地由理工科背景的人士甚至科学家担任，同时，对企业和行政区划内的企业"科技含量"考核也成了必要的考核内容。IPO也对科技属性较强的行业企业尤为青睐，只有具备技术优势才有可能冲击IPO，而单纯靠消费市场和平台的企业并非A股市场所偏好的类型。

　　人无股权不富。投资机构要善于坚持，做耐心资本，从现在开始，找到人工智能上升通道的科技企业，在没有房贷、车贷还款压力的时候，可以拿出一部分现钱去认购相关的股权私募基金，或者有机缘巧合直接入股相关企业。这种投资方式类似将资金存在银行，但其潜在收益要比银行存款高出十倍百倍之多。观察现在的全球市值十强的排名就知道了，未来是属于人工智能和科技的。

这个冬天不会很短，一起冬眠过日子，希望开春的阳光还能照射到你我身上。

根据艾瑞咨询测算，2023 年中国直播电商市场规模达 4.9 万亿元，同比增速为 35.2%，行业依旧保持强劲的增长趋势，是绝对的风口行业。艾瑞预计，2024—2026 年中国直播电商市场规模的年复合增长率（CAGR）为 18%，行业未来将呈现平稳增长趋势并步入精细化发展阶段。而按照国家统计局数据，2024 年上半年，中国线上零售额 70 991 亿元，同比增长 9.8%；2023 年全国线上零售额 154 264 亿元，同比增长 11.0%。增速有所放缓，但依然超过了我国 GDP 的增长速度。

风起时，风口的猪也会跟着起飞，更何况一些短视频运营团队根据对市场的调研和消费者的喜好，精心打造的网络主播，更是成了资本追捧的宠儿。

曾几何时，东方甄选曾经因为董宇辉的带货成功，一度扭转了自身在教育培训行业的颓势，正式转型成为电商销售公司，港股新东方在线将公司名称由新东方在线科技控股有限公司，更改为东方甄选控股有限公司。2022 年下半年到 2023 年 1 月期间，东方甄选股价大涨，区间最高涨幅超过 1 700%，东方甄选市值一度超过母公司新东方。根据东方甄选在 2024 年 8 月 23 日晚公布的 2024 财年（2023 年 6 月 1 日至 2024 年 5 月 31 日）业绩显示，在自营产品及直播电商业务表现上，公司 2024 财年的 GMV（商品交易总额）增长了 43%，达到了 143 亿元；2024 财年，自营产品的销售占总 GMV 约 40%，而 2023 财年此占比为 30%。

有了东方甄选的示范效应，其他头部账号公司开始成为资本围猎的对象，国内带货的头部账号"疯狂小杨哥"便是其中之一。自 2018 年"疯狂小杨哥"（张庆杨）作为运营账号加入抖音以来，在四年多的时间里，粉丝突破 1 亿大关，成为抖音的顶流网红。其所持有的三只羊网络科技有限公司官方公众号称，公司的中远期规划是持续引进粉丝体量"100 万＋"的头部网红。

2024 年，一路高歌猛进的"疯狂小杨哥"相继被 3·15 晚会曝光"御徽缘梅菜扣肉"涉嫌违规使用槽头肉原料、被王海打假五常大米、"鲜多裕"合成牛肉变身原切牛肉等事件后，遇到了创业以来最大的危机。在"疯狂小杨哥"及其旗下各大主播直播间均在销售一款名为"香港美诚"品牌的月饼，随后"月销 5 000 万元的香港月饼香港买不到"的话题冲上热搜，疯狂小杨哥称美诚月饼是"高端月饼，香港月饼"。一经开卖，便有网友站出来质疑"月饼挂香港，实际跟香港不沾边"，涉嫌虚假宣传。公开资料显示，此次"疯狂小杨哥"公开售卖的美诚月饼生产商为广州美诚科技公司以及佛山市美诚食品有限公司，其产地为广东省佛山市。美诚月饼的销售公司香港美诚集团公司成立于 2019 年 4 月 15 日，从此之后，广东美诚月饼就成了香港美诚月饼，丝滑地完成了"出口转内销"的平替工作。

2021 年 5 月 25 日起施行的《网络直播营销管理办法（试行）》，由国家互联网信息办公室、公安部、商务部等七部门联合发布。其中，有明确规定，要求直播间运营者、直播营销人员遵守法律法规和公序良俗，真实、准确、全面地发布商品或服务信息。

随后，受月饼事件影响，小杨哥的三只羊网络科技有限公司孵化管理的头部账号基本暂停直播带货，同时也在"疯狂"掉粉。

人红是非多，曾经的网络带货达人薇娅翻车了，开始转型做管理和投资。曾经投资薇娅所属谦寻（杭州）控股有限责任公司的云锋基金和君联资本也无奈退场。在网络红人这条赛道上，现金流非常旺盛，其实不需要资本的过多介入。然而，一旦出现网红个人对公司的负面新闻，不仅会对公司造成巨大打击，还可能导致网红个人的职业生涯就此终结，进而让投入其中的资本血本无归。

跨界转型大概率会互利共赢

《三十六计》之"攻战计",第十四计借尸还魂,原文是:

> "有用者,不可借;不能用者,求借。借不能用者而用之,匪我求童蒙,童蒙求我。"

迷信的人认为人死后灵魂可附着于别人的尸体而复活。现在多用来比喻已经消灭或没落的事物,又假托别的名义或以另一种形式重新出现。

按语 换代之际,纷立亡国之后者,固借尸还境之意也。凡一切寄兵权于人,而代其攻守者,皆此用也。

在投资行业看来,传统行业需要通过科技创新升级改造,成为新质生产力,不能总是在人员密集型和资金密集型产业中徘徊,也不能老是在环保和碳排放方面做落后分子,要迎合时代发展的浪潮,明白更新换代的重要性。新技术和新模式会作为新概念打破一潭死水的沉寂。

最近市场上有两个火爆的消息:一个是华为智驾系列车

"界"字辈不断推陈出新；另一个是胖东来帮助永辉超市等传统卖场进行改造。这两件事所属行业不同，却有异曲同工之妙。

传统车企和传统商超有几项共同点：产品同质化严重、硬件投入较多、管理方式陈旧等。

市面上，华为和小米这两个做手机的厂商开始造车了。不同的是，小米是亲自下场建造工厂，华为是用智能系统和智驾系统赋能传统车企赛力斯、江淮汽车、奇瑞汽车、北汽蓝谷、长安汽车等，并在硬件配置上与这些车企共同探讨设计。凭借智能网联汽车和新能源汽车在汽车市场上渗透率的不断提升，以及鸿蒙手机系统和信息通信技术的强大优势，华为迅速助力一众国产车企实现升级换代，华为算是把跨界玩得明明白白。

同样是行业的龙头，胖东来偏安一隅不轻易全面扩张，永辉超市作为上市公司已经成为全国连锁的巨无霸。胖东来有强大的自有品牌和供应链管理能力等优势，永辉超市有布局面广且资金雄厚等优势，两方一拍即合便有了永辉超市商业模式的全面调改。双方可以说是"干柴遇到烈火"，迸发出强大的战斗力。调改后，永辉超市日均销售额与客流均大增。

强强联合，资源整合，优势互补，本身就是商业领域最常见的合作模式。

"穷则变，变则通，通则久。"主动出击的一方往往是遇到困难的一方，在中美贸易争端过程中，华为无论是因芯片等产业链上游受限还是因下游客户对 5G 的限制而遭遇手机销售危机，都亟需找到新的盈利增长点。然而，下场亲自造车又很难在短时间内启动销售，而且组建团队、完善供应链、销售和服务都是大难题，前期需要较大的投入，这违背了华为快速找到盈利增长点的初衷。因此，华为选择了与传统车企合作，利用他们的产业优势和智能网联升级需求，一起打造"界"系列车。

永辉超市已经连续亏损三年。2023 年永辉营业收入 786.42 亿元，同比减少 12.71%，归属上市公司股东净利润 −13.3 亿元。2024 年 4 月 8 日，永辉超市关闭了在许昌开业 6 年的门店，说是被胖东来挤垮的并不为过，毕竟超市行业在胖东来的主战场基本没有赢家。永辉超市的"委曲求全"握手言和请求帮忙纾困，换来的是胖东来董事长于东来亲自操刀，据说帮扶行动将从员工薪资、工作时间、卖场规划、商品重整、供应链、价格优化、服务提升等各方面进行系统调整，以此换来永辉超市未来健康的运营。据称，永辉超市也在 2024 年的半年度工作研讨会上确定了"学习胖东来"的方向，其自主调改店涉及 10 个城市，包括合肥、杭州、福州、成都、贵阳、重庆、北京、深圳、沈阳。据每日经济新闻报道"作为西安首家启动调改的门店，永辉中贸店恢复营业后，连续两日日均销售额达到 160 万元，门店日均客流超 1.4 万人。该店此前日均销售额约为 20 万元，日均客流 3 000 人左右"。

在这两场紧密合作中，华为和永辉超市是主动出击，一众合作车企和胖东来也是一拍即合。这也说明了在商场上永远没有独赢，只有双赢或者多赢才是产业级利好的合作方式。国家和各地政府都非常重视"建链、强链、补链、延链"，作为"链主"企业的行业龙头，更要通过市场化利益共享来推动整合产业链条的快速发展和升级换代。扶持中小企业，不仅需要国家政策和地方奖励补助等方式的支持，更需要产业链上的龙头"链主"企业在商业模式、利润空间、技术帮助、产品设计等方面发力，帮助上下游产业链全面共同成长。行业内应形成在竞争中学习提高的氛围，避免出现想生产新产品而供应链配套核心零部件跟不上的窘境。龙头"链主"企业在降本的同时不能过度挤压上下游企业的利润率，而应反向推进技术创新和模式创新的发展。

华为借此次跨界合作发掘了新的盈利增长点，扩大了收入规模，扩大了数据收集范围，能够更好地为消费者提供服务解决方案，同时也解决了传统国产车企面临的智能化提升难题，对国外车企在国内的市场地位形成了威胁。胖东来通过对永辉超市的帮扶，完善壮大了自身的供应商结构，"胖东来中央厨房出品"打入永辉超市，为自营商品找到了更多的渠道出口，让更多的消费者为其买单，在永辉超市发布的《致顾客的一封信》中提到：商品结构方面，下架单品数 10 841 个，下架比 81.3%。

重新规划单品数 12 581 个，新增单品占比 80%，梳理后的商品结构达到胖东来商品结构的 90% 以上。

产业级的资源整合会让行业更加健康地发展，以上结果也彰显了这是一场多方共赢的合作。

在拟上市公司和上市公司通过新质生产力转型后，至于资金是否能够强势涌入 A 股市场，关键看资本在市场上能否盈利。资本是逐利的，只要市场提供可观的盈利机会，即使不去招引，资本也自然会蜂拥而至。

概率不会骗人，就像前文提到的新东方由教育培训行业作为主营业务转到了以网络销售为主营业务，是跨界转型成功的典范。根据东方甄选公布的 2024 年财报显示，2024 财年（2023年 6 月 1 日至 2024 年 5 月 31 日），东方甄选总的 GMV 为 143 亿元，同比增长 43%；营收 70.72 亿元，同比增长 56.8%。调整后净利润为 21.81 亿元，若去除出售教育业务的税后处置收益 13 亿元，该数字约为 8.81 亿元，而 2023 年同期为 10.89 亿元。东方甄选确实是赶上了直播带货的风口，关键是有董宇辉这样的网络主播才创造了收入和市值的辉煌。

食品安全现在已经成为热搜榜上的常客，食品添加剂一直是民众关注的焦点。科信食品与健康信息交流中心在 2020 年 7

月 29 日发布了《中国消费者食品标签认知及使用状况调研报告
2020》，调研报告显示，仅有 8.7% 的消费者从来不看配料表，
而每次必看的消费者占样本的 13.1%。在食品领域，同样靠直
播完成借尸还魂的还有消失在人们视线之外很久的汇源果汁。
2009 年商务部以"反垄断"为由叫停可口可乐收购汇源果汁之
后，已经解散营销体系的汇源果汁爆发了经营危机。2022 年 10
月，某短视频博主对汇源果汁"没有科技与狠活儿"的评价，
重新带火了这个老牌国产果汁。据某短视频平台数据显示，10
月 5 日汇源果汁的品牌直播当日场次观看人数超过了 174 万。
到 10 月 11 日，汇源果汁官方旗舰店在某短视频平台的粉丝数
已涨到 251.83 万，短短 12 天增加粉丝近 34 万。据第三方数据，
在天猫超市等渠道上，汇源经典款的盒装橙汁月销量超过 3 万，
NFC 西梅汁饮料月销量超 1 万，位列天猫果蔬汁饮料热销榜的
第四位。

　　同样通过直播带货带火起死回生、焕发新生的还有很多，
比如拥有千万粉丝的国产日化品牌"活力 28"、蜂花洗发水、郁
美净化妆品、莲花味精等品牌。它们借助国货的影响力和短视
屏平台账号，成为拥有百万粉丝的企业账号。

　　新事物要支持，新的销售渠道也要多多利用。资本市场也
需要推陈出新，去其糟粕，取其精华。

曾几何时，科创板的推出虽然有争议，但是它确实具备了政策引导科技企业快速上市的功能，尤其是让一级市场投资人看到了在未来几年内能够退出的可能性，并且开始的时候其交易量相当可观。然而，如今几个重大改变，如上市审核的利润门槛提高以及交易量不断下滑，已对科创板的初衷造成了巨大的冲击。一级市场投资人已经心灰意冷，大批需要长期投入才能见效的医药研发、半导体企业再次沦为投资的第二目标梯队。所以不要再谈情怀投资，资本的追求不是情怀能够解决的。监管机构和政策只有让资本获利，才能够加速长期资金的流入。只有当一级市场投资人愿意推动被投企业登陆 A 股市场，从资金层面实现"良币驱逐劣币"的效应，这样的正向循环才算是告一段落。

制度要靠强有力的执行才可以发挥作用，如果执行不到位，好好的真经也可能被念歪，变成一场劫难，或者一次全新的洗礼。弱小者，无从感知；而至强者，也无法逃离。

粉饰过多的项目反制投资人

《三十六计》之"敌战计"，第十计笑里藏刀，原文是：

"信而安之，阴以图之，备而后动，勿使有变。刚中柔外也。"

意思是使敌人相信我方，并诱导其麻痹松懈，我方则暗中策划，充分准备，一有机会，立即动手，使敌人措手不及，这是暗中厉害、表面柔和的策略。

按语　兵书云："辞卑而益备者，进也……无约而请和者，谋也。"故凡敌人之巧言令色，皆杀机之外露也。宋曹玮知渭州，号令明肃，西夏人惮之。一日，玮方对客弈棋，会有叛卒数千，亡奔夏境。堠骑报至，诸将相顾失色，公言笑如平时。徐谓骑曰："吾命也，汝勿显言。"西夏人闻之，以为袭己，尽杀之。此临机应变之用也。若勾践之事夫差，则意使其久而安之矣。

从投资的角度来看，很多市场上活跃的融资独角兽、准独角兽以及造神成功的企业家都可能会在未来成为损害自己在投资圈声誉的因素。

"眼看你起高楼，眼看你宴宾宴，眼看你楼塌了。"曾经在某个历史阶段，被多个投资人追捧过的 P2P 行业，也是香饽饽，但是在历史退潮之后，很多人都携款逃跑到国外，留下一地鸡毛。曾经在此类项目上大肆宣传过的投资机构，也因此成为投资圈不会被忘记的笑柄。

　　没事找事儿集团是活跃在沿海区域的应急转贷公司。应急转贷业务是对中小企业提供短期资金过桥的服务，机构必须以自有资金出借，不能面向社会公众募集。应急转贷公司大老板剑总的业务比较稳定，家在高档小区，办公地点也位于核心CBD区域。公司团队不仅汇聚了学识渊博的投行人士，也有退役空姐转型的销售人员，在资金募集和风险控制方面，可谓建立了相对完善的体系。

　　在选择客户方面，没事找事儿集团也将目标客户锁定在一些着急用钱周转的中小企业家，还有机关的干部、医院的主任、学校的老师等优质群体。因为住在高档小区，剑总负责任的态度和丰富的涵养让其很快成为业主们的知心朋友，同时，剑总还读了多个 EMBA，积攒了大量的同学资源。

　　没事找事儿集团的募资来源变得更加广泛，在追求高回报的同时，剑总也确保了底层资产的相对透明。尽管也有一批资产是通过集团内部设计出来的，但是这部分的比例控制在 20% 以内。

　　在经济下行的情况下，找到给集团出资的投资人是很难的。剑总便开始美化报表，美化资产，同时愿意让利出来，把收益补贴给身边那些他认定的"大金主"。不管怎么说，剑总的表面功夫做得相当出色。于是，在看到没事找事儿集团的效益不错且风控也过关的情况下，一批 EMBA 同学认为现金流是企业安身立命之本，进攻是最好的防守，能够保证企业在现金流不断的情况下持续发展。对这批同学们来说，找到一份比实业投资风险小很多，又能有持续高现金回报的资产投资确实不容易，因此，他们纷纷表示愿意入股没事找事儿集团。

剑总的初衷其实是想让这批同学能成为集团现金流的来源，没想让他们来充盈资本金。现在看来，当初的想法过于乐观了，结果虽然背离了原有需求，但是钱是实实在在的，不得不要，集团估值大概为10亿元，陆陆续续融资到了3亿元，集团也提供了几个董事席位。在自己仍然保持大股东地位的情况下，同学和邻居都属于"甩手管家"，愿意将专业的事交给专业的人做，他们充分相信剑总的团队。

相较于三方财富公司为股权私募基金募资的方式，没事找事儿集团的资金短平快回收是比较吸引人的，然而，这也使得集团在监管层面面临一定的风险，有打擦边球的嫌疑。

按照监管要求，下面几种情况是不允许进行募资的，它们均被视为非法集资行为。

一是资金池模式。借贷平台通过将借款需求设计成理财产品出售给放贷人，或者先归集资金，再寻找借款对象等方式，使放贷人资金进入平台的中间账户，产生资金池，此类模式涉嫌非法吸收公众存款。

二是不合格借款人导致的非法集资风险。借贷平台未尽到借款人身份真实性核查义务，未能及时发现甚至默许借款人在平台上以多个虚假借款人的名义发布大量虚假借款信息（又称借款标），向不特定多数人募集资金，用于投资房地产、股票、债券、期货等市场，有的直接将非法募集的资金高利贷出赚取利差，这些借款人的行为涉嫌非法吸收公众存款。

三是庞氏骗局。借贷平台发布虚假的高利借款标募集资金，并采用在前期借新贷还旧贷的庞氏骗局模式，短期内募集大量资金后用于自己生产经营，有的经营者甚至卷款潜逃，此类模式涉嫌非法吸收公众存款和集资诈骗。

没事找事儿集团的资金有自融用于短期给自己纾困的，逐渐缩减了公司效益，造成了亏损。剑总为了在"大金主"面前表现成为优质的财富管理公司，又不得不调整报表，粉饰业绩，并拿出其他资金方的钱来补贴给"大金主"们，最终导致亏空无法填补，不得不倒闭破产清算。

在没事找事儿集团即将暴雷的时候，剑总最终选择了铤而走险，做好完全准备后，收拾好"金银细软"，在某个深夜，坐最晚的航班潜逃到海外。不过也没落到什么好处，短短几个月的时间，他就被带回国内进行审判了。

至此，没事找事儿集团的笑里藏刀计大结局杀青，大批受害者出现了，"投资返贫"一语成谶。

对于投资人而言，笑里藏刀计代表的是阳奉阴违，知人知面不知心，在面善之人毕恭毕敬与你交流时，这份看似自然的好感会让你在尽职调查和投资的时候有些放松，或许就会失去了独立且理智的判断能力。在感情上也是如此，有人真心实意跟你做朋友，就是为了得到你的投资，你真心实意是想让投资保值增值高回报，双方都知道各自的诉求，双向奔赴的意愿绝对是真的。两者唯一的差异就是，投资人想要的是利息，而笑里藏刀的操盘手想要的是投资人的本金，因此也就很难辨别感情的真假。

饥饿营销，又称饥渴营销，是一种通过有意调低产品供应量来调控供求关系、制造供不应求的假象，从而提高产品售价和利润率的营销策略。这种策略的好处是能够让大家认为"物以稀为贵"，疯抢带来的效应能够带动人购买的冲动，增强企业的品牌价值和产品形象。笑里藏刀计看起来是贬义词，其实在营销层面，能够把产品卖出去，就需要微笑着让消费者把钱掏出来，甚至愿意掏出更多的钱来加价购买产品。

小米集团是最广为人知的"饥饿营销"高手，从小米手机开始，到小米电视，再到现在的小米汽车，小米集团创下的销售佳绩都有这种营销战术的影子。2024 年 4 月 3 日，在小米首批车交付会上，雷军身穿蓝色西装外套和牛仔裤亲自为第一批车主开车门，动作娴熟，态度谦卑。第一批车主纷纷惊呼："千亿身价总裁为我开车门，简直是爽文，我可以吹一辈子!"

饥饿营销需要各个节点支持的全方位配套。宣传标语、产品质量、价格定位、粉丝参与感等都要跟得上，才能维持好的口碑。饥饿营销基本可以分为几个步骤：前期预热、发布会、预约购买、抢购、米粉会加持售后服务等，这些可以应用在所有小米的主推热销产品。

每一代小米手机的发布，几乎都离不开两个大词"顶配""首发"，直击年轻人们购买的冲动心理，价格定位也都是 799 元、1 999 元不等，价格亲民。年轻人是购买的主力军，小米集团还在小米的社区论坛悉心听取消费者的意见。

小米电器也是小米产品占领客厅、卧室的重要触角。小米电视开端的定位是"年轻人的第一台电视"，从另一个角度理解，意思是年轻人买电视的起跑线就是小米电视。空调、电视、冰箱、洗衣机、热水器还开启了以旧换新模式，在全国上线"送拆装"一站式服务。2024 年第二季度，小米空调产品出货量超 330 万台，同比增长超 40%；小米冰箱出货量超 60 万台，洗衣机产品也实现大幅增长，出货量超 40 万台。

小米汽车靠着爆款的 SU7 瞬间引爆消费市场，笔者感觉这次不完全是饥饿营销，连雷军的格局都变大了，雷军也在微博上鼓励消费者去选择别的新能源车品牌。

小米汽车也一跃成为小米集团业务的新增长点，2024 年第二季度，小米 2024 年第二季度营收为 889 亿元，较上年同期的 673.55 亿元增长了 32%，毛利为 183.94 亿元，较上年同期的 141.61 亿元增长 29.9%。小米集团的季度报将业务划为"手机×AIoT"和"智能电动汽车等创新业务"两大部分，小米手机×AIoT 部分收入 825.19 亿元，同比增长 22.5%，占比为 92.8%；毛利率为 21.1%。小米汽车 XiaomiSU7 在 2024 年第二季度交付 27 307 辆，第一次出现在财报中，营收达 63.69 亿元，占据集团总营收的 7.2%，毛利率为 15.4%。

其实我很不想把饥饿营销列为笑里藏刀计，但是为了获取利益，来取得消费者的信任和推崇本质上也是一种策略计谋。

如果把销售产品当作笑里藏刀计的延展善意版本，那么每一家企业都可以说是践行者。最终，真诚是必杀技，产品是硬道理，服务是加分项，能够卖出去的产品变现后才能支撑企业实现可持续经营。

独角兽份额抢到手，是机遇还是陷阱

《三十六计》之"混战计"，第二十一计金蝉脱壳，原文是：

"存其形，完其势；友不疑，敌不动。巽而止，《蛊》。"

意思是保存阵地的原形，造成还在原地防守的气势，使友军不怀疑，敌人也不敢贸然进犯。在敌人迷惑不解时，隐蔽地转移主力。

按语　共友击敌，坐观其势。倘另有一敌，则须去而存势。则金蝉脱壳者，非徒走也，盖为分身之法也。故大军转动，而旌旗金鼓俨然原阵，使敌不敢动，友不生疑。待己摧他敌而返，而友敌始知，或犹且不知。然则金蝉脱壳者，在对敌之际，而抽精锐以袭别阵也。如：诸葛亮卒于军，司马懿追焉。姜维令仪反击鸣鼓，若向懿者，懿退，于是仪结营而去。檀道济被围，乃命军士悉甲，身白服乘舆徐出外围。魏惧有伏，不敢逼，乃归。

在投资圈，很多独角兽的创业团队都是靠着在自己最热门的时候，通过搭售一些老股来实现自己的财务自由。这样做一方面能够降低投资人的投资成本，另一方面也能变现一部分资金，让团队前几年的努力有所回报。即使未来不能成功上市在最高点变现，也能在一定程度上体现出自己的个人价值。

独角兽这个名词真的挺吸人眼球的，无论是准独角兽还是独角兽，抑或是超级独角兽，都代表着企业在行业中的江湖地位接近顶流。人们往往不假思索地就认为这是一家高知云集、高薪云集的大企业。在经济下滑的今天，这仿佛比公务员、事业单位的牌子更好使。大厂也成了年轻人慕名前往求职的最佳去处。

独角兽的角磨得锋利十足，挑战的是同行业的竞争对手，它的角里面塞满了技术和市场拓展的竞争优势；独角兽的翅膀里面塞满的都是钞票，借助资本的力量开始逐步腾飞，只要不是不小心被其他独角兽撞上，或者是被不可抗力挂在树杈上，基本上都能够在金钱动力下，找到能够上市的平台，让每一块曾经填充它们身体的资本投入和人力技术投入得到升华，变成投资收益。

万科曾经讲过一个"咒语"——活下去，当然，万科现在活下去也很难。在当前的形势下，想要活下去，那真的要靠家底厚，靠的是能够薄利多销，靠的是全力整合资源后能够变现，否则瘦死的"独角兽"并不比马大多少，甚至还不如马肉好吃。求新求变，不仅需要独角兽有这根弦，也需要所有的马、羊、狮子、老虎都有这根弦，现金流一断，都得完蛋。

我们曾经见证过多家独角兽起高楼，最终楼塌了，现在发现原来独角兽也是很脆弱的，不要迷信，也不要盲目追随。有的独角兽是盲目扩张不慎失足而死；有的是在得到大量资金后开始轻率，全力发展和投资副业，最终被副业所累；有的是在上市之前风光无限，最后完成上市了，发现一地鸡毛，B 轮投资人损失惨重，犹如海中裸泳，狼狈不堪；还有的创始人已经消失得无影无踪，或许他们已经远离了创业的主战场。

历史长河悠悠，不缺聪明人，更不缺独角兽。坚持本心，守住本真，至少不会沉得太快，或许还有转机。船小好调头，找到自己熟悉的行业，爱好兴趣所在的职业，就能够获得人生的意义。追求估值带来的纸面财富，殊不知还有资本要求的对赌协议，这种枷锁一旦套上了，就很难摘得下来。谁能够保证自己就一定能赢呢？

成功成仁科技公司是人工智能公司龙头，属于当红炸子鸡，几乎市场上此行业知名的投资人都入场站台了。创始团队非常优秀，在世界级大赛拿过奖项，实际控制人欧阳总也很慷慨，拿出了 15% 的股票期权分给团队核心骨干成员。

市场上资本的力量还是很雄厚的，全国范围内都在寻找能成为独角兽的潜力企业，成功成仁科技公司的资质和历史沿革都符合并超出了标准，大多数中小投资公司是拿不到份额的。在经过多番设计后，以欧阳总为首的团队开过几次会，最终决定由创始团队成立基金公司，愿意投资的资本大佬或者基金公司可以作为 LP，成为基金产品的出资方，定向投资成功成仁科技公司。对直接的个人或企业 LP 按照常规的基金产品收取每年 2% 的管理费和后端 20% 的 Carry（超额收益分成），对于机构投资人则收取每年 1% 的管理费和后端 10% 的 Carry。

此举一出，一级市场哗然。

这种操作有几个好处：一是创始团队作为执行事务合伙人，对未来基金份额卖出的时间节点和价格有话语权；二是这部分股份必然与创始团队成为一致行动人，增加了创始团队在成功成仁科技公司股东大会的话语权；三是大批找投资入口无门的金主终于能够在宣讲基金介绍时将成功成仁科技公司作为投资案例，有利于进行下一只基金产品的募集工作；四是创始团队在公司升值时能够作为基金管理人享有 20% 的 Carry，同时还能获得固定的管理费来维持日常运转，这部分费用可以说成了创始团队的"小金库"。

但是，这种做法带来的示范效应对一级市场投资人而言是非常不利的。假设每个准独角兽企业的创始团队都按照这个套路来出牌，不但分走了机构投资人应得的 20% 的 Carry，还把维持基金人吃马喂的管理费分掉了。

在这样的条件下，只有中小投资人，想要靠知名项目打出名堂的投资机构选择了加入，而大型机构也开始用脚投票，不再追随本轮的投资。

成功成仁科技公司的创始团队在拥有绝对话语权的基金中,通过本只 5 亿元投资老股和新股搭配的方式,组建了本只基金产品,也对团队成员的同比例份额进行了购买。用金蝉脱壳计,实现了一石多鸟。

尽管成功成仁科技公司的创始团队都完成了金蝉脱壳,但是在资本寒冬来临之际,该公司收入虽然增长很快,却始终没有盈利。因此,公司只能在港股申请上市。然而,港股的交易量始终保持不温不火的状态,导致上市之后公司的估值已经跌回到 B 轮投资者投资时的水平。

前车之鉴,后事之师。现在,各轮次的投资者都在股票价格达到其之前投资成本溢价的 20% 时便开始抛售。在轮番抛售且业绩增长放缓的双重压力下,一大批投资人在港股里被套牢,无法退出,这不仅影响了当期基金产品的 DPI(投资回报率),也影响了下一只基金产品的募资。

金蝉脱壳不局限于独角兽公司的创始团队变现,也适用于那些苦苦挣扎在前进与倒闭之间的创业公司。这些公司既需要有大量的人才储备,又需要将一分钱掰成两半花。创始团队常常徘徊在对员工"胡萝卜加大棒"的边缘,不断试探并做出选择。

吃肉喝汤科技公司是一家具备核心视觉识别技术的公司。虽然公司在资本市场上多次融资成功，但是由于竞争对手经常通过提供股权、期权以及翻倍的高薪水来挖角，该公司面临人才流失的严峻挑战。被逼无奈，公司在要保住核心骨干成员的同时，还必须去挖竞争对手的核心力量。在这种此消彼长的关系中，公司才能在内卷严重的行业里脱颖而出。

人才的争夺导致通过股权融资拿到的资金几乎都被投入到抢人大战中了。当然，科技企业确实除了一些二手家具和电脑之外，只剩下创造代码和产品的人了，所以也并没有当回事，公司在年底也经常给核心员工发期权以及十倍月工资的奖金。

随着经济出现下滑，无论是曾经被视为优质客户的地方政府或央企、国企，还是大型上市公司，都把钱攥得紧紧的，新增订单开始减少，原有订单客户的付款账期也拖得越来越长。虽然对于账上还躺着几亿元的吃肉喝汤公司来说，这种情况并不算是大的困难，但是老板钱无疆已经有了危机感。于是，在年终到来之际，他考虑缩减年终奖，但又担心核心骨干因此跳槽到竞争对手那边去，便找来了合伙人老孙一起商量对策。

合伙人老孙是最早的天使投资人，见证了很多家独角兽公司的成长，也实现了财富自由。老谋深算的老孙是学财税出身，他说："我们来玩一套拔鹅毛的把戏，研究税法学经常引用源自17世纪法国路易十四时代财政大臣、重商主义学者让-巴普蒂斯特·柯尔贝尔的一句名言：'税收这种技术，就是拔最多的鹅毛，听最少的鹅叫'，这种招式放之四海而皆准。"

钱无疆问道："这怎么适用于企业呢？"

老孙意味深长地说："我们先给员工最低的预期值，然后一步步拔高，最后他们得到的远比预期的要好，就不会有抱怨。另外，我们还需要渲染整个行业的不景气，工作难找，让大家能够安稳地待在公司，而不是动不动就想跳槽。"

钱无疆也是聪明人，瞬间明白了："你的意思是，先通过多个渠道向大家传达同行业其他公司的现状，让大家知道，我们是财务状况和现金流最充沛的科技公司，然后告诉大家，即使这样，我们也可能会在年底裁员。"

老孙笑着说："是的，说裁员是第一波小道消息，然后在人心惶惶想保住工作的同时，再传第二波小道消息，那就是公司体谅大家对公司的付出，也希望留住人才，不裁员是大概率，但是没有年终奖也是大概率事件。"

钱无疆说："然后，再传出第三波消息，当然，这次肯定是正式的年终大会。在年前，我们宣布依然有两个月的年终奖，不过是等到次年第一季度过了之后再发。一方面可以留住人才，另一方面假如他们真的离开了，次年这三个月也是不用在下一年发年终奖的。"

老孙说："对，这样做不但能够节省一大笔开支，为抵抗经济寒冬做准备，还能够再招一些销售业务骨干，拓展新的优质客户，给公司造血，尽快把咱们第一批研发的产品变现。这样也能有经费研发下一代产品，为下一次融资提供里程碑式的节点。"

钱无疆说："那就等熬到下一笔融资到账再给大家更好的奖励吧。"

老孙不禁笑着说："我也没看错你，你还是比较仁义的老板啊。渡过难关才是最重要的，共同富裕要看机缘。"

通过这几步走，吃肉喝汤公司金蝉脱壳，既能避免产生人才快速外流的窘境，又储备了大量过冬的现金，并按照策略挖到了竞争对手的销售业务骨干，迅速打开局面，拿到了下一笔融资。

资本与企业既是对手方，又是合伙人。生意没有对错之分，只有盈利与亏损之分。在万物生长企业快速发展的历史良好周期内，资本和企业都能够赚到钱，在二级市场的股民也能够赚到钱，可以用"一荣俱荣，一损俱损"来形容。金蝉脱壳的本质并不是资本和企业一定要在二级市场收割股民的钱，往往是因为最佳的理想状态难以实现，才导致大家形成了这样的思维定式，认为资本和企业就是来二级市场圈钱的。这种观念在很大程度上会带动负面情绪，影响股市的健康发展。

第六章

未来的百亿老板
脸长什么样

曾经有网络数据统计，在"北上广深"实现财富自由，都需要有过亿的净资产，包括房产、股票、现金等在内，但是哪有那么多亿万富翁呢？据胡润研究院发布的《2023胡润财富报告》显示，截至2023年1月1日，中国净资产一亿元以上的家庭数量达到13.3万户。数量肯定是挂一漏万，但是也反映了要想真正实现财富自由有多难。

　　股权投资作为门槛较高的投资方式，投资标的的选择标准根据行业分类各有不同，众多的企业也很难保证在遇到各种因素时能够顺利通过上市退出变现。企业家能够顺利完成每一轮融资，打败竞争对手抢占市场份额，并且通过产品更新迭代反哺科研能力，再在政策千变万化的情况下，拿到上市的"通行证"，在上市后能够维持较高的市值，这谈何容易。可以说，每一步都是天堑，走错一步，就可能陷入万丈深渊。

　　要想百亿市值的上市公司出现在视野里，谈何容易，而拥有百亿身家的企业老板基本也都是在经历了商业战场上的激烈竞争，才得以幸存并壮大的。在大家都好奇什么样的企业家能够将企业带领到百亿市值的时候，完全可以在现有的超大型企业家的创业经历中找到端倪，整理出他们的共同点，择机进入企业并成为骨干获取股权激励，或者作为投资人提前布局，在未来数年内跟随企业的成长实现个人财富的稳定快速增长。

不是你该赚的钱千万不要赚

《三十六计》之"攻战计"，第十三计打草惊蛇，原文是：

"疑以叩实，察而后动；复者，阴之媒也。"

意思是打草惊动了草丛里的蛇，做事不周密谨慎，让敌人有所察觉。

按语　敌力不露，阴谋深沉，未可轻进，应遍探其锋。兵书云："军旁有险阻、潢井、葭苇、山林、翳荟者，必谨复索之，此伏奸所藏也。"

从投资的角度来看，任何竞争对手都可能是融资路上的绊脚石，也可能是上市路上的拦路虎。投资人在尽职调查过程中肯定会咨询行业专家、竞争对手高管，市面上也有三方咨询公司会安排匿名的专家进行访谈。在这个过程中，一定要在融资材料上脱敏、打水印、带密码，各种保密措施都是有必要的，这样才能避免有人故意干扰影响投资进度。

投资机构往往专注于某个专业领域，比如军工、高端制造、生物医药、新能源、工业母机等。不管基金管理规模大小，各机构总会对行业内的各个梯队企业进行研判，同时也会关注新孵化出来的科技成果转化项目，这样可以加深投资经理对行业的理解，不过也会伴随潜在的泄密风险。一级市场投融资让融资失败是小事情，二级市场泄密就涉嫌内幕交易犯罪，泄密者通常会有牢狱之灾。

2024年5月13日，证监会官网发布《行政处罚决定书（吴旭杭）》，对吴旭杭没收违法所得35 271 471.74元，并处罚款70 542 943.48元。江苏证监局的调查显示，通润装备控制权转让及重大资产重组事项内幕信息敏感期为2022年9月17日至11月17日。在此期间，浙江正泰电器股份有限公司（以下简称"正泰电器"）和江苏通润装备科技股份有限公司（以下简称"通润装备"）确定了收购及重组方案，该方案中对通润装备的估值、股权转让比例、转让价格进行了约定，同时约定通润装备剥离现有输配电业务，并以现金收购正泰电器控制的光伏逆变器及储能资产，即正泰电器子公司上海正泰电源系统有限公司（以下简称"正泰电源"）的控制权。

具体过程分解开来看：

一、内幕信息的形成与公开过程

先是多方讨论达成意向并形成文件，确定停牌日期进行筹划运作。

2022 年 9 月 17 日，正泰电器陆某、通润装备顾某斌、国泰君安证券股份有限公司秦某等人在苏州第一次正式会面，商讨通润装备控制权转让相关事项。2022 年 10 月 16 日，陆某、顾某斌、秦某等人在苏州第二次会面。双方进行了交流磋商，对收购及重组整体方案予以认可，并决定由各方按此方案回去论证。

2022 年 9 月 22 日至 10 月 7 日，秦某根据交易双方的意见先后制作了三版收购及重组方案。

2022 年 10 月 14 日，正泰电器召开内部会议，初步决策同意了收购及重组方案。

2022 年 11 月 16 日，因通润装备股价涨停，中间人秦某等人临时决定撮合双方当日进行商谈，并将时间定在当天晚上。当日晚 7 时左右，陆某、顾某斌、秦某等人在常熟面谈。双方再次沟通了通润装备的控制权转让价格、股权转让比例、正泰电源资产装入通润装备等事项，并达成一致意见，现场起草并签署了收购备忘录。

2022 年 11 月 17 日，通润装备发布了《关于筹划公司控制权变更事项停牌的公告》，并于当日开始停牌。

2022 年 11 月 22 日上午，通润装备召开董事会会议，审议通过《关于公司筹划重大资产收购暨关联交易并签署〈资产收购框架协议〉的议案》。当日晚间，通润装备发布《关于筹划重大资产重组的提示性公告》，表示本次交易由控制权转让和资产收购两部分组成，控制权转让与资产收购互为前提条件。通润装备控制权转让及重大资产重组事项在公开前属于《证券法》第五十二条规定的内幕信息。该内幕信息敏感期为 2022 年 9 月 17 日至 11 月 17 日。

二、内幕信息的知情人情况

爱奇投资顾问（上海）有限公司（以下简称"爱奇投资"）为本次通润装备控制权转让及重大资产重组事项的战略投资方，与正泰电器共同受让了通润装备的部分股权。俞某华作为爱奇投资合伙人，系本次项目牵头人。

2022 年 10 月 17 日，为开展尽调工作，俞某华和其助理王某语在正泰电源与陆某等人会面，陆某介绍了正泰电源拟装入的标的上市公司的部分特征情况，但未透露具体名称。其后，俞某华安排王某语结合陆某介绍的情况，通过网络搜索符合以上特征的上市公司，王某语筛选后发现仅有通润装备符合条件，进而判断出标的上市公司为通润装备。

2022 年 10 月 29 日，俞某华通过微信向王某语确认正泰电源拟装入的上市公司名称，王某语将前次从东方财富 App 截取的显示为"通润装备"界面截图发送给俞某华。

此外，通润装备上报给深圳证券交易所的本次控制权转让及重大资产重组事项内幕信息知情人名单中亦包括俞某华。

综上，俞某华属于《证券法》第五十一条第五项规定的内幕信息的知情人，其知悉时间不晚于 2022 年 10 月 29 日。

三、吴旭杭内幕交易"通润装备"

（一）吴旭杭与内幕信息的知情人俞某华存在联络接触

吴旭杭与内幕信息的知情人俞某华自 2016 年认识后一直保持联系。在内幕信息敏感期内，吴旭杭与内幕信息的知情人俞某华于 2022 年 10 月 30 日存在联络接触。

（二）吴旭杭控制使用"楼某春"等 5 个证券账户（以下简称"账户组"）交易"通润装备"，在内幕信息敏感期内，账户组由吴旭杭控制，并决策交易"通润装备"。

在 2022 年 10 月 31 日至 11 月 16 日期间，吴旭杭通过使用原持有股票清仓所得、银证转入及向券商融资资金，控制账户组累计买入"通润装备"270.15 万股，买入成交金额 23 815 447 元，内幕信息公开后全部卖出，卖出成交金额 59 156 052.25 元，扣除税费后盈利 35 271 471.74 元。

四、相关交易行为明显异常且无合理解释

内幕信息敏感期内，吴旭杭控制账户组交易"通润装备"的行为明显异常，具体表现为：在与俞某华见面后的次日新开立"吴某明"账户交易；通过大额赎回银行账户理财产品、利用信用账户、向他人借款、清仓卖出账户组所持股票（其中部分为亏损卖出）多途径筹措资金，与其以往交易习惯有明显背离；集中、大量、快速买入涉案股票，在 2022 年 10 月 31 日至 11 月 16 日期间买入"通润装备"均为单边买入，未曾买入过其他股票，买入意愿强烈。吴旭杭控制账户组交易"通润装备"的行为与其和内幕信息的知情人俞某华的联络接触时间高度吻合，与内幕信息形成过程高度吻合，且无正当理由及合理解释。

江苏证监局局认为，内幕信息敏感期内，吴旭杭与内幕信息的知情人俞某华存在联络、接触，此后交易"通润装备"的行为明显异常且不能作出合理解释，违反《证券法》第五十条、第五十三条第一款的规定，构成《证券法》第一百九十一条第一款所述内幕交易违法情形。

行政处罚依托的证据充足，基本没有给当事人留下申辩空间，唯一的办法就是认怂乖乖交钱了事，别让事态再严重化，乃至最终面临牢狱之灾。不过，按照过往案例，吴旭杭被行政处罚后，大概率会移送公安机关。

二级市场内幕交易案件特点有着高度的一致性：一是泄密者身边固定的多人群体"窝案"；二是高频出现在并购重组方面，因为短平快且有较高的确定性；三是往往通过微信群、电话、即时通讯和饭局等多个渠道泄密。

2024 年 8 月，浙江证监局披露的三份处罚决定显示，2024 年 5 月 4 日晚到 5 日凌晨，盛洋科技董事长叶利明之子盛洋科技总经理兼董事叶盛洋与高中同学袁浩杰、曹翔、单通聚餐时，表示可以买入盛洋科技股票，几个同学立刻付诸行动，在内幕信息敏感期买入该股票。另一违规买入的是叶盛洋的司机徐炜，五人被罚没总金额超 2 300 万元。

根据中国证监会发布的 2024 年上半年证监会行政执法情况综述，上半年，证监会对操纵市场、内幕交易类案件共作出处罚 45 件，同比增长约 10%；处罚责任主体 85 人（家）次，同比增长约 37%；罚没金额约 23 亿元，同比增长约 9%。

处罚信息显示，作为江西星星科技股份有限公司（以下简称"星星科技"）重大资产重组的内幕消息知情人，光大证券时任投行员工赵远军提前买入星星科技 1 141.22 万元，但最终亏损 532.58 万元。中国证监会依法对赵远军处以共计 460 万元罚款，同时对其采取 10 年证券市场禁入措施。

A 股从 2023 年开始就启动了实控人和高管被追查模式，涉及名单近 200 人。要知道，A 股上市公司也才 5 000 家，2024 年继续严查。这只是必须要公开信息的一部分人群，还有大量的关联人士包括券商、律所、会计师事务所以及各种周边外围"白手套"角色，被抓的就数不胜数了。从种种迹象表明，公司 IPO 后，很多企业都会面临"人财"两失的双重困境，"人"指的是上市公司内部人员，"财"则是股民们的资金。从各个方面来说，A 股这批看似有权有势的人群，已经成为重点关注对象，也是必须被关照的对象。

　　从内幕消息违法犯罪的角度而言，上市公司董事长和董事长秘书是最容易被推出来扛雷的。原因很简单，他们也是人，也需要有社交圈；他们的工作职责是为了上市公司有更好的持续经营能力，能够通过业绩和技术革新完成市值管理的匹配，同时还需要跟各路资金英豪进行博弈，公募、定增机构、券商资管等都是疲于应付的对象。在饭桌上，如果有人问及公司前景，并且悄悄录音录像，你不慎透露了没有公开的信息，比如要跟某某跨国公司签约了，比如要中几个亿的大标啦，说者无心，听者有意，市值很有可能就会被资金盘推上去。这种情况根本不经查，你跟谁什么时间待在一起过，以及此后这个人又跟谁联系过，就能发现股价异常上涨的端倪，一查一个不吱声。就这，你说你不扛雷谁来扛？

有人说，如果按照这种说法，那这批人很快就会主动拒绝社交，直接开启 EMO（指消沉状态）模式。这样说就有点走极端了，他们往往想要吐真言的都是自己最亲近的朋友或者利益相关方，其实大多数股价上涨也不是他们一个消息就能说了算的，甚至可以说，他们都不知道什么时间什么资金会进场，很有可能是帮别人打了下手却不自知。这是最冤的，但是数据收集后被留置很可能造成股民们的遐想，直接受害者和踩踏者都是一群人，也就是没有理智只听消息追涨杀跌的股民。上市公司如果不是在定增关键期或者需要卖股票改善生活的时期，股价的上下波动对持股的实控人和高管是没有什么影响的。股民们都是自己吓自己，受伤害的也是自己。

众所周知，抓人的前提肯定是存在违法乱纪的行为，抓人的目的则是希望肃清市场环境，促进 A 股上市公司有序、稳定且持续地发展，最终让股民们都有所收获。2024 年 9 月，A 股开户数已经低于 5 000 万户了，失望之情溢于言表，用脚投票是最实在的投票方式，要想做侠之大者为国持股，那就好好待着，别朝三暮四，每个月发了工资就往 A 股账户里面放，按照你的喜好去买股票，然后被迫持有；要想好好活着能见到自己的辛苦劳动成果，就把钱存在银行，虽然银行理财大面积撤掉了，但是也有一些稳健的产品可以购买。美股英伟达、苹果等"美股七姐妹"也是值得持有的好股票。从 2022 年开始到现在，英伟达股票已经翻了9倍，只能说赚钱是靠本事的。

不管怎么说，上市公司实控人不好当，上市公司高管也不好当，董事长、董事长秘书、CFO（首席财务官）是绝对的高危职业。即使他们钱多股票多，一旦触犯法律，也难免面临长时间的司法拘留。二级市场之殇传导到一级市场股权投资和公募基金圈子，导致大批专业人士受到影响，其中被留置调查者也并不在少数。

能忽悠得了你，就能忽悠得了下一轮投资人

《三十六计》之"并战计"，第三十计反客为主，原文是：

"乘隙插足，扼其主机，渐之进也。"

意思是客人在主人面前摆出主人的姿态，顺势让主人按照自己的节奏来，以声势压到别人。

按语 为人驱使者为奴，为人尊处者为客，不能立足者为暂客，能立足者为久客，客久而不能主事者为贱客，能主事则可渐握机要，而为主矣。故反客为主之局：第一步须争客位，第

二步须乘隙，第三步须插足，第四足须握机，第五乃成为主。为主，则并人之军矣，此渐进之阴谋也。如李渊书尊李密，密卒以败；汉高视势未敌项羽之先，卑事项羽，使其见信，而渐以侵其势，至垓下一役，一亡举之。

就投资角度而言，别说还嫩点儿的投资经理，经常有投资老手也被企业家吓住，最终导致投资的进度和谈判的力度不得不随着企业的节奏来，棋输一着，在估值上没能占到便宜。作为投资人，在进行任何尽职调查、过立项会、过投决会、商务谈判时，都需要有自己的节奏，要有独立判断的能力，不能被对方牵着鼻子走，不能别人说什么就信什么，也不能仅凭其他投资机构的背书就放松警惕，更不能图省事按照别的投资机构的投资协议来制定策略，这些都是不负责任和没有能力的表现。在商务谈判阶段，各种威逼利诱和心理战术层出不穷。人生如戏，全靠演技，笔者曾见过创业者因为估值被削减而表面恼羞成怒，实则内心窃喜，因为削减幅度还没触及他的心理底线。同时，也遇到过创业者为了避免董事会决策被干扰，在最后阶段因一个董事会席位是否给投资方的问题拒绝签署协议。

商业竞争中，无论是对手方还是合作方，都有可能面临反客为主的局面。企业的成长都是从无到有，从小到大，在不同的发展阶段，它对对手方和合作方的态度及举措也会有所不同。正如19世纪英国政治家、作家本杰明·迪斯雷利所言，"没有永远的朋友，只有永远的利益"。

2008 年，苹果公司推出了 App Store，支持应用 App 在苹果商店内上架，这一时期可免费使用；2009 年苹果上线推出应用内购功能后，苹果创始人乔布斯为苹果商店上架的 App 定下了 30% 的抽佣比例，被戏称为"苹果税"。所谓"苹果税"，即渠道分成，体现为用户使用苹果手机应用商店购买 App 等数字内容时，苹果公司会扣留交易金额的一部分作为佣金，再将剩余资金转给相应的 App 开发者。

坊间传闻，天下 App 苦"苹果税"久矣，店大欺客，客大欺店，在苹果商店里不存在，这需要多方博弈才能达到平衡。中国人民大学数字经济研究中心主任李三希对记者表示，在"苹果税"的影响下，苹果手机用户常常为使用各类 App 支付比安卓手机用户更高的费用。

据第一财经统计，中国是全球"苹果税"最高的市场，是苹果前三大营收来源地区中唯一一个没有提供"其他费率"选项的国家。苹果商店对标准企业和小型企业分别收取 30% 和 15% 的分成，美国分别为 27% 和 12%，欧盟是 17% 和 10%，韩国则是 26% 和 11%。根据第三方数据统计机构 Sensor tower 统计，2023 年，"苹果税"在全球的收入约为 223.4 亿美元，折合人民币 1 608 亿元；其中中国市场占比近 25%，约 400 亿元。据

Demandsage 的统计数据，截至 2023 年底，全球有超过 14.6 亿活跃 iPhone 用户；另据 QuestMobile 公布的数据，2023 年，iPhone 在中国市场约有 2.5 亿活跃用户，约占 iPhone 全球用户的 17%。

微信、抖音等超大型应用的小程序产生的内购收入，并未接入苹果支付系统。意味着开发者可以将用户引导到外部支付系统，避免缴纳 30% 的"苹果税"。比如说，微信游戏用户在使用微信小游戏时，可以通过游戏开发者设置中的客服中心选项，进入客服会话页面，并通过其他支付方式进行充值，从而绕开"苹果税"，这也让苹果公司十分气愤和失望。近两年火爆的微短剧小程序也被列为逃避"苹果税"的重灾区，就此而言，出门不捡就算丢，用苹果产品不交"苹果税"就算偷。

2021 年 1 月，中国消费者金某将苹果公司、苹果电脑贸易（上海）有限公司告到上海知识产权法院，诉讼内容涉及"苹果税"收取过高以及支付方式唯一涉嫌垄断，要求对方赔偿 10 万元并公开道歉。2024 年 5 月 29 日，一审判决苹果公司在中国区软件市场显然具有市场支配地位，驳回消费者金某关于停止收取 30%"苹果税"的不公平高价行为，以及停止"应用内购买"强制使用 Apple Pay 搭售行为的诉求。然而，金某表示仍然要上诉到最高法院。

2024 年 9 月 10 日，iPhone 16 上市前后，也有传言苹果商店下架微信的消息，有些网友评论说"不买苹果我可以用华为，但是离开微信我是真的活不下去一天"。

其实这些评论和市场传言真实反应了微信和苹果两家企业之间对利益的博弈，微信用户已经足够众多，只是出于硬件弱势的原因，必须依靠手机、平板电脑等通道向相关用户推送App，自然就会受制于通道。这类似于产品生产经营企业与产品销售渠道之间的博弈，销售费用定在 10% 还是 50%，要看销售渠道在客户那里推销和让利的力度，以及通过销售渠道买单的客户数量。销售渠道触达的受众更广泛，有效用户转化率更高，为 App 带来的充值等各项收益客单价更高，自然就会有议价空间。谈不上谁对谁错，主要还是看互相之间制衡的能力。假如下架微信真的导致大批用户弃用苹果手机和笔记本，那么，为了挽回客户，自然会有针对微信的费率降低等举措出台。

2019 年，瑞典音乐流媒体服务平台 Spotify 起诉苹果对其应用商店收取高达 30% 的佣金，并且阻止其向用户提供苹果应用商店以外的支付选项。2024 年 3 月，欧盟决定因为在音乐流媒体应用分发市场中滥用主导地位而处罚苹果公司，罚款 18.4 亿欧元（约合人民币 141 亿元）。

据公开资料显示，2024 年 1 月，苹果公司宣布为了遵循欧盟《数字市场法案》，将在欧盟地区对其操作系统、浏览器以及应用商店实施重大更新。更新的内容包括首次允许客户从苹果应用商店以外下载软件，允许人们使用其他的支付系统，以及自由选择默认的网络浏览器。该更新还下调了自 2008 年苹果应用商店推出以来，苹果对开发者征收最高 30% 的佣金。经过调整，欧盟市场的应用开发者现在只需向苹果公司支付 17% 的佣金，不久之后，这一比例将对大多数开发者和订阅者下降至 10%。苹果公司表示，费用的改革让大多数开发者和订阅者受益明显，将使欧盟超过 99% 的应用开发者向苹果支付的费用比之前更低。

据 TechWeb 消息，近日，欧洲消费者权益组织 Euroconsumer 在比利时、意大利、西班牙和葡萄牙联合发起了针对苹果公司的集体诉讼，原因与之前 Spotify 起诉的极其统一，是苹果公司对包括 YouTube Music、SoundCloud、Amazon Music、Spotify、Deezer、Tidal 和 Qobuz 等应用软件在内的非苹果音乐流媒体服务征收高达 30% 的额外费用，在欧洲地区赚取了约 2.59 亿欧元（约合人民币 20.45 亿元）的不正当利润。当地时间 9 月 19 日，欧盟反垄断监管机构对苹果公司提起诉讼，旨在强制其遵守新颁布的《数字市场法案》，该法案要求苹果公司向竞争对手开放其封闭的生态系统。本次起诉已经送达苹果公司，这项监管动作被业界视为"里程碑式"，可能将打破苹果公司的商店支付垄断地位，重塑全球数字市场的竞争格局。

据外媒报道，当地时间 7 月 11 日，苹果公司与欧盟达成和解协议，同意向竞争对手免费开放"一触即付"（tap-and-go）移动支付技术，协议约束力为期 10 年。如果苹果公司违反和解协议，则将面临最高可达苹果公司全球年收入 10% 的罚款。

　　由此可见，"胜者全得"的思想是要不得的，只有多方共赢才能营造良好的市场竞争环境。技术研发造成的专利壁垒能够保护一家企业拥有领先竞争对手的技术，但在一定程度上也会限制人类科技的整体进步，埃隆·里夫·马斯克曾经提出"开源""完全开放专利""专利是弱者的游戏"，这是对知识产权更大格局的一种说法。不过，对于企业来说，在前期研发和生产运营投入没有得到收益回报的情况下，诟病知识产权纯粹是站着说话不腰疼的一种表现，在此不想深入探究。

　　这个世界上没有不竞争便能送到嘴边的午餐，反客为主的前提是，客人一定要有强大过主人的实力，要师出有名且有国家法规和执法机构秉公执法的强力支持，同时也要有博弈失败的备选方案，否则可能会弄巧成拙，一蹶不振，本来是想断了主人的财路，可没想到断了客人自己的财路。

众人拾柴"抬轿子"，捧出百亿估值

　　《三十六计》之"并战计"，第二十五计偷梁换柱，原文是：

"频更其阵，抽其劲旅，待其自败，而后乘之，曳其轮也。"

意思是暗中玩弄手法，以假乱真，诱惑敌人上钩，然后自己获利。

按语　阵有纵横，天衡为梁，地轴为柱。梁柱以精兵为之，故观其阵，则知精兵之所在。共战他敌时，频更其阵，暗中抽换其精兵，或竟代其为梁柱，势成阵塌，遂兼其兵。并此敌以击他敌之首策也。

在投资圈，给投资机构的朋友相互捧场、联合"抬轿子"（跟风买入股票）的情况为数不少。这次你帮我抬，下一次我在你的项目上给你抬，大家互相抬举，只要投的项目不是特别差，至少先帮你完成今年年底的 KPI 考核。在你的投资项目估值有所上涨的时候，大家可以双双获利，可以在次轮投资中出售部分老股退出，或者与创业者本人达成某种协议退出。

当然也有不少创业公司偷换概念，用 AI 技术优化原有人工或者比较低端的解决方案，最终披上大模型的外衣。什么风口火就站在什么风口，PPT 几个月就跟着风口改一次主题，在得到不同轮次的融资后，主营业务和技术支撑已经变得面目全非。前面的投资人并不在乎这种投资标的是不是能够快速出产品，快速实现盈利，因为他们也已经入局成为股东，只能站在被投企业一方，不断地拿自己的品牌和信用为企业站台。促使多轮融资的成功，借机与创业者达成互利协议，不管是老股售出还是被创业者回购，保证自身投资的获利，就意味着胜利。

2014 年创立的美国金融科技公司 Bolt，主要从事为零售商业超市提供消费结算复算系统，帮助客户处理支付等事宜，业内称之为"一键结账公司"。公司成立的初衷是为了给对抗类似商业巨头亚马逊商城（Amazon）的电子商务零售商超、区域杂货店、汽车连锁商店等提供廉价的结算服务，以取得与亚马逊媲美的竞争力。在宣讲中，Bolt 公司还宣称具有用来训练专门用于欺诈检测的高级算法，可以很大程度上降低欺诈事件发生的概率。

据公开资料显示，十年以来，Bolt 公司融资近 10 亿美元，泛大西洋投资集团（General Atlantic）、WestCap、Paypal、INTUIT 和 Oculus 的创始人、Invus Opportuniteis、Moore Strategic Ventures、H. I. G Growth Partners、Activant Captital、斯坦福 StartX 基金、Long Venture Partners、Oriza Ventures 等都是其投资机构，E 轮以 110 亿美元（约合人民币 782 亿元）的估值，由全球著名资产管理公司贝莱德（BlackRock）领投，获得了 3.55 亿美元投资。2024 年 4 月 9 日，Bolt 以 575 亿人民币的企业估值入选 2024 胡润全球独角兽榜，排名第 81 位。

对估值的质疑导火索源于不断出现的官司和内部矛盾。2021 年 1 月，零售巨头 Authentic Brands Group（ABG 集团）旗下拥有 Reebok、Brooks Brothers 和 Forever 21、Champion 等超过 50 个鞋服品牌，以其结账系统的延误和故障为由起诉 Bolt 公司，ABG 集团认为 Bolt 公司"完全未能实现其宣称拥有的技术能力"，给 ABG 集团带来了损失和不良影响。最终，此案在庭外达成和解。无独有偶，2022 年 4 月，50 余名 Bolt 前员工、投资者和下游客户主动向媒体承认，Bolt 公司的公关能力很强，在公司发展早期，领导层经常在对外宣讲时夸大自身核心技术能力，还存在虚报客户数量的现象，以争取更高的估值和更大金额的投资。不过 Bolt 公司也澄清说是其零售商客户虚夸销售数据，为此，公司成立了一个审计委员会来审查相关数据。

近几年，Bolt 公司也经历了几次大规模裁员，搞得人心惶惶。

分析 Bolt 公司的估值能够不断抬高，有以下几个原因：

一是画大饼给出想象空间，跟大象一样跳舞，与超级独角兽公司亚马逊对标，展示其发展潜力。公司客户群体起初主要面向中小电商平台和线下商超，类似"农村包围城市"、蚂蚁咬死大象的模式，通过一键支付提高消费者在此类机构清空购物车的效率，进而增加购买客单价，为客户创造更高的流水和盈利。当期融资时客户群体不多，只有数百家，而宣讲未来发展时则认为客户数量可以初步达到数百万家，并且有详细可信的研发和销售拓展计划，并非毫无根据地"拍脑袋"想出来的。E轮融资的募资用途就有发展新客户向欧洲拓展的计划。

二是创始人"造神"论。考入斯坦福大学的瑞安·布雷斯洛（Ryan Breslow），效仿乔布斯和比尔·盖茨辍学创业的举动，出版了两本书管理管理和融资的著作，还创办了两家传播工作理念和免费舞蹈教学的非营利性组织。除此之外，他还在推特上发文并登上推特热榜，点名批评全球估值排名靠前的 Stripe 公司、硅谷最著名创业孵化器 YC、规模最大的风投之一红杉资本，认为硅谷一些风投公司和科技公司抱团，在硅谷拉帮结派、打压非派系内的公司融资和发展。经此一役，瑞安·布雷斯洛和 Bolt 公司名声大噪。在笔者看来，此举有作秀宣传的成分在，可以说省了一大笔宣传费用。

三是资金需要有第三方支付平台的资产选择。从全球来看，淘宝、Apple Pay、Amazon Pay、PayPal、ShopPay 等几乎所有主要的科技巨头都创建了自己的电子支付渠道，但是需要第三方来解决中小电子商务平台的支付问题。出于对客户商业秘密等因素考虑，并非每家商超都愿意使用巨头们提供的支付渠道。所以，大批风投和老牌资产管理公司都选择了给 Bolt 公司站台，Bolt 公司估值也随之水涨船高。

　　在一级市场给创业企业抬高估值是一项艰巨的工程，不但需要有投资机构下场，还需要有创造收入的合作伙伴配合。

　　大包大揽科技公司是云计算及大数据运营商，主要为国企、央企做总包集成服务，为不同的客户提供智慧城市解决方案、智慧交通解决方案、智能存储解决方案、智慧医疗大健康解决方案。大包大揽公司由于其混改所有制的企业属性，故而得以进入国家级客户采购白名单。

　　大包大揽公司又是永远吃肉视觉识别科技公司的上游客户，分包相关业务给到下游公司。永远吃肉公司的主营业务产品已经初步研发成功，包括人脸追踪侦测、自动调整影像放大、夜间红外侦测、自动调整曝光强度等技术。国家鼓励人脸识别应用到金融、交通、安全等各个领域，因此，永远吃肉公司成了资本竞相追逐的对象。

　　在诸多竞争公司中，永远吃肉公司不算是光环最多的那个，但是也并不算弱的，出于对市场订单的渴望，两家公司达成了初步意向合作。

　　协议约定的实质内容有几项：一是大包大揽公司（甲方）为永远吃肉公司（乙方）每年提供 2 亿元的订单合同。

　　二是鉴于乙方需要更多的业务收入，甲方可以将自身的软件相关业务收入转入与乙方的合资公司，由乙方并入财务报表，也可以通过无商业实质的资金循环来增加资产。

三是乙方公司订单的全部利润都留在甲方公司，乙方公司的业务模式暂时不需要有利润。

四是甲方公司实际控制人孙老板可以获得乙方奖励的股权，以表彰甲方对乙方估值提升的贡献。

虽然大包大揽公司的业务与永远吃肉公司的业务大相径庭，但是由于可以作为非主营业务纳入财务报表，在投资人眼中可以视为永远吃肉公司的未来新业务方向，反而成为加分项。

永远吃肉公司的收入一跃从数千万元变成了2亿多元，立刻超过了竞争对手一大截，估值也顺势翻番，孙老板和永远吃肉公司的团队的股权都升值了。只要假以时日，在未来打折出售，就能快速实现财富自由。

从商业和投资角度来看，这种行为是不被鼓励的，存在刷收入抬估值的嫌疑，有违商业道德，更有触犯法律的风险。

在二级市场如果出现这种情况，就不能只从道德约束了，要上升到法律层面予以处理。财务造假不仅伤害了中小投资者的权利，更造成了市场混乱。为此，监管部门也鼓励中小投资者对上市公司进行索赔。按照现在的政策指导，监管部门会进一步推动形成齐抓共治、有序衔接的监管执法"生态圈"，将"长牙带刺"的监管执法要求落实到位。

2023 年 12 月 29 日，北京证监局公布对原深交所创业板上市公司东方网力科技股份有限公司（已退市）的行政处罚决定书。东方网力及其下属子公司通过虚构合同和验收单、提前签署项目合同、要求客户配合签署验收单等方式，在与 22 个客户签署的 81 个购销合同未实际执行的情况下，依据无商业实质的验收单据确认收入，2017 年、2018 年分别虚增收入 14 390.82 万元、68 870.72 万元，分别虚增利润 11 442.45 万元、41 909.78 万元。

根据当事人违法行为的事实、性质、情节与社会危害程度，北京证监局对涉案人员予以警告并罚款处理。

拿订单换逆推机会

《三十六计》之"混战计"，第二十四计假道伐虢，原文是：

> "两大之间，敌胁以从，我假以势。《困》，有言不信。"

意思是，我是假装拥兵过路，保证不伤害你，但是顺带手就把你给收拾了，言而无信。

按语　假地用兵之举，非巧言可诳，必其势不受一方之胁从，则将受双方之夹击。如此境况之际，敌必迫之以威，我则诳之以不害，利其幸存之心，速得全势。彼将不能自阵，故不战而灭之矣。如：晋侯假道于虞以伐虢。晋灭虢，虢公丑奔京师。师还，袭虞灭之。

在一级股权投资中，产业投资人（Corporate Venture Capital，简称 CVC）是实体企业通过设立战略投资部门、投资子公司、产业投资基金等方式，围绕企业自身的产业链上下游开展投资孵化或兼并收购行为。战略投资者（Strategic Investor）就是指具有资金、技术、管理、市场、人才优势，能够促进产业结构升级，增强企业核心竞争力和创新能力，拓展企业产品市场占有率，致力于长期投资合作，谋求获得长期利益回报和企业可持续发展的境内外大企业、大集团。对于这类投资人而言，他们通常能够以自身丰富的产业或者战略需求作为筹码，换取相对低廉的原始股。在投资者内部进行总体考量后，他们会在订单的短期收益和资本的长期投资收益能够找到一个平衡点，一旦决策确定，就能迅速投资于产业链的上下游优质企业。

我国允许战略投资者在发行人发行新股中参与申购。对再融资中的战略投资者定义，中国证监会在 2020 年 3 月 20 日发布的《发行监管问答——关于上市公司非公开发行股票引入战略投资者有关事项的监管要求》中也给出了解释。《上市公司非公开发行股票实施细则》第七条所称战略投资者是指，具有同行业或相关行业较强的重要战略性资源，与上市公司谋求双方协调互补的长期共同战略利益，愿意长期持有上市公司较大比例股份，愿意并且有能力认真履行相应职责，委派董事实际参与公司治理，提升上市公司治理水平，帮助上市公司显著提高公司质量和内在价值，具有良好诚信记录，最近三年未受到证监会行政处罚或被追究刑事责任的投资者。同时，战略投资者还需要符合两个条件之一。第一，能够给上市公司带来国际国内领先的核心技术资源，显著增强上市公司的核心竞争力和创新能力，带动上市公司的产业技术升级，显著提升上市公司的盈利能力。第二，能够给上市公司带来国际国内领先的市场、渠道、品牌等战略性资源，大幅促进上市公司市场拓展，推动实现上市公司销售业绩大幅提升。至于长期持有股权的时间，也没有明确限制，但是最少是 18 个月。

敢想敢干科技公司是一家专门为用户提供餐饮、药品、超市等外卖产品的配送公司，让消费者足不出户享受外卖服务，特别迎合了当下的懒人经济。在获得十数轮过百亿融资后，敢想敢干公司便开始布局产业生态，投资入股了迅雷不及掩耳盗铃支付科技公司，并成为二股东。迅雷不及掩耳盗铃公司早期瞄准连锁餐厅点餐和支付系统的推广，因发力较早，技术实力也比较强，迅速赢得了市场。此外，其关联公司还有支付业务许可证，这使得消费者坐着点餐和开具发票很快成了一股风潮。

两家公司的资本合作被业界认为是打造产业生态的典范之作，这次投资是在敢想敢干科技公司的同类业务部门没有起色的情况下，管理层做出的无奈之举。尽管在业务层面上，两家公司存在一定的竞争关系，但它们曾有过合作的初步意愿，遗憾的是，这一合作最终未能成功实现。

出于支持"亲儿子"还是"干儿子"的考虑，也出于对业务板块可控程度的考虑，敢想敢干科技公司从来都没有放弃过自己的发展团队。公司继续发力做相关业务，对迅雷不及掩耳盗铃公司的投资算是战略布局，也是为未来其能够上市获得投资收益做准备。敢想敢干科技公司依然在完善点餐支付系统，因为不算上市公司，也没有处于申报 IPO 的关键节点，没有监管部门追问同业竞争等问题，所以按照公司战略规划有条不紊地推进。

敢想敢干科技公司孵化出的团队经过详尽的市场调研，认为之前业务拓展太过宽泛，于是决定向非连锁餐饮发力，触角延伸到四五线城市，打组合拳，其中一项是在支付费率上给予了一定优惠。还有一个筹码是通过银行给本公司的授信，给经营情况良好的餐饮公司提供一定的短期借款服务，赚取息差。银行基于敢想敢干科技公司独角兽的市场地位，给的利息极低，而它借给餐饮企业的利息则达到了年化利率 20%。因为支付系统绑定在敢想敢干公司，其能够监控到餐饮企业的流水情况，所以也最大限度地避免了坏账出现。

这一系列"占领餐厅"的组合拳，让餐饮业主对敢想敢干科技公司的依赖度有所提升，业务黏性变得更强。之后，点餐支付业务突飞猛进，业务量增长很快就追上了迅雷不及掩耳盗铃公司的业务增长速度。

与此同时，迅雷不及掩耳盗铃公司实际控制人出了昏招，挪用了餐饮公司在其支付系统的沉淀资金。由于支付沉淀的资金都是 T＋1 支付，每天沉淀资金达到了 8 亿元，实控人觉得需要用这笔钱去找个项目投资，像敢想敢干公司那样去玩一下生态布局。

可惜投资有风险，迅雷不及掩耳盗铃公司的投资失败了。商户们提现困难，在包括系统升级在内的各种说辞都用尽之后，挪用货款沉淀资金其实算是备付金，监管机构发现后立刻予以警示。可是迅雷不及掩耳盗铃公司再也掏不出钱来了，在制订了几次还款计划后，便开始向二股东敢想敢干科技公司求救，希望能被其整体收购进而收拾烂摊子。

敢想敢干科技公司投资入股时其真实想法确实是收购，后来谈判无果只能等着迅雷不及掩耳盗铃公司犯错，然后假道伐虢一举并购，纳入体内成为"亲儿子"。不过那时候敢想敢干公司自身相关业务并未发展起来，现在已经与体外的"干儿子"体量不相上下，关键"干儿子"还投资失败欠了这么多钱，不如再等一等破产清算，用更少的钱把系统和客户都拿到手里。即使拿不到手里，相信经过倒闭释放出来的海量客户，自己也能抓住一大部分。

在权衡利弊得失之后，敢想敢干公司决定先放手不管，等到最后时刻才出手。迅雷不及掩耳盗铃公司果然顶不住客户围攻总部提现的压力，也抵抗不住监管部门和司法机关出手的压力，开始破产清算。丑闻出现后，敢想敢干科技公司马上去迅雷不及掩耳盗铃公司的餐饮客户那里布局，迅速抢占了市场，扩大了势力范围。

虽然敢想敢干科技公司在股权投资上确实损失了一部分，业务合作也不达预期，没能产生协同效应，但是在打信息差上取得了先机，算总账还是赚到了。

在现实中，战略投资者属于龙头链主企业，它们与被投企业双方是有默契的。战略投资者通过给订单等全方位支持，扶持被投企业不断发展壮大，撬动其他资本进入，从而在业务上和资本上都能获得多方面的收益。其余资本也因为能够看到或者猜到未来被投企业最差的结果是被链主企业收购，所以也敢于投资。即使估值不算便宜，至少退出渠道确定并且投资时间不会很长，收益算下来还是能说得过去的。

假道伐虢并不意味着途经点虞国甘愿被晋国吞并，而是避免在晋国伐虢国时，虞国和虢国联合起来增加晋国的征服难度。信息不畅通的时代，思想不开放的时候，这也是事前风控的一种表现。晋国为借道付给虞国的美玉和良驹也只是暂存在虞国国库，就像投资的资金总会在退出的时候得到更高收益返回到自己的腰包里一样，不考虑太多不可抗力的情况下，战略投资者收购被投企业后，管理团队、技术、现金流等人财两得是大概率事件。

战略投资有很多是由国家出手进行整合的。据公开资料显示，自 2024 年 5 月至 9 月，A 股并购重组市场持续活跃，A 股上市公司共披露 46 单重大资产重组项目，7 单发股类重组提交证监会注册。监管机构对并购的行业也更加支持以"硬科技"企业并购、央企国企整合以及证券行业并购，助力技术创新与资源整合，支持存量上市公司科技含量不断增加。在央企层面，中国盐湖集团即将问世，盐湖股份将与中国最大的金属矿业集团五矿集团联手重组，这一重组有望解决两家央企的历史遗留问题；在券商行业，国泰君安与海通证券宣布合并，强强联合会带来业务的整合和扩展；在硬科技层面，中国兵器装备集团旗下的保变电气宣布控股股东启动业务整合事宜后，二级市场资金对此次并购整合十分看好，保变电气股价累计上涨逾 90%。

第七章

谁也逃不过的
IPO 变数

IPO，造富之路。

在大家眼中，资本和企业最大的共同点就是希望 IPO 成功，随后通过退出或者出售一部分股票改善生活。但这仅仅是最低要求，眼光还是要放长远。

对于有追求的企业家而言，上市只是开始。他们需要借助上市公司的知名度，以及银行和客户对上市公司信用的认可，来进一步拓展业务版图，稳固自身在行业内的龙头地位。同时，他们还会通过并购重组布局商业生态，增强产业链的可控性，从而稳步提升市值。

对于有追求的资本而言，上市公司可以发挥反哺作用成为 LP，利用其产业龙头地位，将所投资的相关企业装入上市公司，从而实现退出并达到双赢。此外，资本还可以与上市公司合作成立基金，在各自的专业领域发力，让投资变得更加专业和稳健。这样的合作，不仅能够增加资本的基金管理规模，还能借此拿到更多 LP 的资金来管理。

产品借海外需求灭杀竞争对手国内市场

《三十六计》之"攻战计",第十五计调虎离山,原文是:

"待天以困之,用人以诱之,往蹇来连。"

意思是让老虎离开原来的地方,然后趁机行事,不管是偷走虎崽子还是偷走窝里的物品,都需要有外部力量来配合实施。

按语 兵书曰:"下政攻城。"若攻坚,则自取败亡矣。敌既得地利,则不可争其地。且敌有主而势大:有主,则非利不来趋;势大,则非天人合用,不能胜。汉末,羌率众数千,遮虞诩于陈仓、崤谷。诩即停军不进,而宣言上书请兵,须到乃发。

羌闻之，乃分抄旁县。诩因其兵散，日夜进道，兼行百余里，令军士各作两灶，日倍增之，羌不敢逼，遂大破之。兵到乃发者，利诱之也；日夜兼进者，用天时以困之也；倍增其灶者，惑之以人事也。

竞争对手不可怕，内卷也不可怕。我们可以自己找出路，也可以引导竞争对手开辟新路径。通过借助外力来分散竞争对手的专注度和集中度，我们便能逐步蚕食直至鲸吞市场，最终在国内或者国外某一区域内的市占率达到高点。

2023年12月2日，美国财政部、国税局和能源部发布《〈通胀削减法案〉外国敏感实体指南》（以下简称《实体指南》），规定从2024年1月开始，包含外国敏感实体制造或组装的电池组件的电动汽车将逐渐失去《通胀削减法案》（IRA法案）提供的税收抵免资格，外国敏感实体包括"中国境内所有产能、国企海外控制比例超25%的产能"。《实体指南》规定，动力电池部件及其关键矿物（生产动力电池所必须的电芯、模组、电解液、隔膜及锂、镍、钴、石墨正负极材料等）必须有一定比例来自美国或与其有自由贸易协定的国家（加拿大、墨西哥、澳大利亚、韩国、智利等）。

到2025年，限制范围将进一步扩大，新能源电动车如果使用了在中国提取加工的关键矿物，也将失去获得补贴的资格。

对动力电池的限制，虽然能通过合资设厂的方式来解决，但是想要一步到位禁止中国出口的原材料谈何容易。据国际能源署分析，美国几乎没有锂、镍和钴等矿物的开采或加工能力，电池正负极材料产量也不到世界的 5%。公开资料显示，在动力电池关键原材料方面，全球电池级 68% 的镍、59% 的锂、73% 的钴、93% 的锰等正极材料都由中国供应。在动力电池原材料的负极材料方面，中国也拥有几乎垄断的优势，接近 100% 的石墨均由中国出产提供。考虑到美国及其拥有自由贸易协定的国家现有的制造业基础和环保标准，想要将这些国家作为电池级原材料的生产基地，难度极大。

据外媒报道，2024 年 6 月 7 日，美国众议院"中国问题特别委员会"主席约翰·穆莱纳尔与其他议员共同提出《脱离外国敌对电池依赖法案》。该法案的目标是禁止美国国土安全部（DHS）从中国宁德时代、比亚迪、远景能源、亿纬锂能、海辰储能和国轩高科六家主导公司购买动力电池，以减少对中国电池的依赖。

据央视新闻报道，美国贸易代表办公室于当地时间 9 月 13 日发布的一份声明中，美国拜登政府表示，美国最终确定对某些中国制造的产品提高关税。美国贸易代表办公室称，自 9 月 27 日起，中国制造的电动汽车的关税税率将上调至 100%，太阳能电池的关税税率将上调至 50%，电动汽车电池、关键矿产、钢铁、铝、口罩和岸边集装箱起重机的关税税率将上调至 25%，而包括半导体芯片在内的其他产品的关税上调也将在未来两年内生效。

根据 2024 年 1—7 月的累计数据统计显示，全球动力电池装机量 240.8 GWh，同比增长 76%；宁德时代以 39.7 GWh 位列第一，同比增长 110.6%；韩国 LG 能源以 31.5 GWh 位列第二，同比增长仅 9.0%；比亚迪排名第三，为 10 GWh，但同比增长 204.7%。状元和榜眼之间的差距不大，在美国各种"制裁"的助力下，我国的动力电池公司应该怎么做？

美国作为全球第二大汽车市场，是动力电池公司的必争之地。不过，美国并没有掌握类似我们"二桃杀三士"策略成功拿下高铁技术那样的巧妙方法，来借此获取我们的动力电池技术。这是因为美国福特等汽车公司均为民营公司，另外 TO B 的动力电池在消费者眼中与自己的生活并没有直接关联，只要自己选择买什么品牌什么型号什么性能的汽车就可以了，不需要关注汽车厂到底用谁的电池。

美国的本质诉求是让美国的动力电池制造企业本土化，笔者认为这反而给国内动力电池龙头出海美国设厂创造了机会，在韩日动力电池企业因为政策原因尚未启动在美投资设厂之际，我们可以先发制人，带领本土工程师在美国或与其有自由贸易协定的国家开拓疆土。这样不但能够规避制裁，还能满足周边国家的需求。

并非只有中国和韩日之间才有竞争，国内不同动力电池公司也有竞争排名的压力。论起应声而动的速度，中国企业说是第二名，没人敢称第一。

2023 年 2 月，宁德时代与福特汽车合作在美建立工厂，有望成为美国第一家磷酸铁锂动力电池厂，总投资 20 亿美元，员工设计为 1 700 名，产能为 20 GWh。由福特拥有所有权，宁德时代则提供筹建和运营服务，并将自己的电池专利技术给美国工厂许可使用。

2023 年 9 月，亿纬锂能也宣布以合资的形式在美建厂，合作伙伴包括戴姆勒和帕卡两家卡车巨头。亿纬锂能仅在合资公司中持股 10%，为合资工厂提供电池技术许可并收取许可费。

财联社 2023 年 10 月 11 日报道，Stellantis 和三星 SDI 宣布，将在印第安纳州的科科莫（Kokomo）建造合资企业 StarPlus Energy 在美国的第二个电池生产厂，年产能为 34 GWh。

据环球网报道，2023 年 11 月 1 日，丰田宣布向美国工厂追投 80 亿美元新增北卡罗纳州电池工厂产线，累计投资总额达 139 亿美元。丰田预期追加投资有望为美国新创造 3 000 个就业岗位，又与 LG 新能源合作在其密歇根州工厂新建丰田专用电池产线。

据国际金融报报道，2024 年 8 月 28 日，韩国三星 SDI 宣布，其与通用汽车（General Motors）达成协议，计划于 2027 年前在美国建设一座投资 35 亿美元的电池制造合资企业，最终年产能将达到 36 GWh。

公开资料显示，国轩高科联合德国大众汽车集团美国建设电池和材料工厂，大众汽车是大股东，持股 24.74%，其他持股股东大多数为中国企业或个人，即使未来被列为敏感实体，预计也能够通过调整股权架构和利益进行应对。

利益永远是驱动企业进行投入和扩张的源动力，商场竞争如逆水行舟，不进则退。全球动力电池厂在美国设厂也说明《实体指南》对于制造业回流美国是有效果的，本质上还是拿全球第二大汽车消费市场的市场地位来吸引企业投资。

《公平竞争审查条例》（以下简称《条例》）于 2024 年 5 月 11 日国务院第 32 次常务会议通过，自 2024 年 8 月 1 日起施行。《条例》明确要求各地起草的政策措施不得包含对特定企业的税收优惠、选择性财政奖励或补贴等内容。不但如此，制度流程配套规定也十分细致，还规定除《条例》第十二条规定的例外情形，没有经过公平竞争审查或者经公平竞争审查不符合《条例》规定的，一律不得出台，增强了制度的刚性约束。《条例》有针对性地设置了监督处理措施和考核评价机制，保障公平竞争审查工作可监督、可检查、可问责。监督措施包括抽查、投诉的处理、督查等，处理措施包括约谈、处分等，尤其是特别规定，"国务院定期对县级以上地方人民政府公平竞争审查工作机制建设情况、公平竞争审查工作开展情况、举报处理情况等开展督查"，促使各地更加重视公平竞争审查工作，有力提升公平竞争审查制度的权威性和刚性约束。

全国统一大市场建设业已成为今年的焦点和重点工作，本质上就是让竞争更加公开、公正、透明，破除地方保护主义壁垒，真正让企业把精力放到通过创新和科技含量提升来增加自身核心竞争力上，而不是仅仅关注哪个地方给的奖励和补贴更为优厚。

同时，减少补贴和奖励也在实质上减轻了地方政府的财政压力，不用再费尽心思招商引资，而是要突破原有的思维方式，另辟蹊径找到招商引资增加税源企业的办法。

《公平竞争审查条例》的出台并迅速实施，对竞争公平度提升的高度完全可以说是迅猛且及时的，许多有创新产品的公司因为当地招标对当地企业优先照顾的原因，无法进入招投标流程，或者在招标过程中遭遇减分的现象，已经成为历史。

从另一个角度理解，这也是国家政策对地方政府招商引资行为的一种策略性引导，同时也是对企业自身发展规划的一次重新定位。正所谓"一山不容二虎"，关注点不能过多，应该明确并摆正关注点。企业不仅要确保生存，更要着眼于未来，准确迎接国际企业的竞争挑战。在国内先行形成一个公平竞争的环境，如同田忌赛马般激发竞争意识，才能让真正优秀的企业脱颖而出。

撤材料不全是财务造假，多报几次也未必能上市

《三十六计》之"攻战计"，第十六计欲擒故纵，原文是：

> "逼则反兵，走则减势。紧随勿迫，累其气力，消其斗志，散而后擒，兵不血刃。《需》，有孚，光。"

意思是想抓住你，不仅要你口服，更要你心服；不但要你认同我的运气，还要你折服于我的手段和实力。让你的斗志"一鼓作气，再而衰，三而竭"，最终甘愿俯首称臣。

按语　所谓纵者，非放之也，随之，而稍松之耳。"穷寇勿追"，亦即此意。盖不追者，非不随也，不追之而已。武侯之七纵七擒，即纵而蹑之，故展转推进，至于不毛之地。武侯之七纵，其意在拓地，在借孟获以服诸蛮，非兵法也。故论战，则擒者不可复纵。

从商业管理和投资的角度来看，国内的证券监管机构在批

准 IPO 的时候可以用这招：按照某一时点的政策导向，对于不满足板块定位或者科技含量不足的企业；或者对于监管机构不想让民营三方财富基金管理公司的产品备案的情况；或者投资者向要压低价格，对拟被投企业送到客户的产品进行干预的情形，都能够用到"拖"字诀，让你自动撤材料，自行降低估值，多次实施此计，就能降低对方的心气儿，直到满足自己的要求为止。

曾国藩在湘军被太平天国打得节节败退的时候，给咸丰皇帝奏折上陈情自己是屡败屡战而不是屡战屡败，还是希望得到咸丰皇帝的支持。IPO 其实也是如此，失败并不可怕，可怕的是不知道败在哪里。只要对监管部门警示或者问询的问题给予令其满意的答复，就有可能顺利修成正果，完成上市。

四川菊乐食品股份有限公司（以下简称"菊乐股份"），主营业务为含乳饮料及乳制品的研发、生产和销售。公司的主要产品包括含乳饮料、发酵乳、巴氏杀菌乳及灭菌乳等。根据尼尔森零售研究数据统计，2022 年度，菊乐股份酸乐奶产品在全国酸味奶的销售额市场占有率为 2.20%，排名为全国第 5；其中，在四川地区的销售额市场占有率达到了 20.70%，在当地排名第 4；在成都地区的销售额市场占有率为 54.60%，在当地排名第 1。

公开资料显示，2017 年 12 月，菊乐股份第一次向深圳交易所中小板递交招股书，2018 年 3 月撤回材料，原因是材料不齐，同时也有 IPO 审核从严的原因。

2019 年 7 月，菊乐股份第二次向深圳交易所递材料，中国证监会核查之后给出警示函，警示函提及 2014 年 12 月至 2019 年 3 月，菊乐股份前分公司出纳利用职务之便，挪用公司资金 9 577.89 万元，但菊乐股份未能及时发现该行为，也未及时纠正资金循环及资金内控方面存在的漏洞。无奈之下，菊乐股份只好又一次主动撤回材料。

2020 年 4 月，菊乐股份第三次递材料，几个月后再次撤回材料。

2023 年 4 月，菊乐股份第四次冲击 IPO。过去了短短两个月，在 2024 年 6 月 3 日，深交所下发的问询函，问询函提到菊乐股份利用个人账户对外收付款项的情况，又一次将矛头指向菊乐股份的内控规范问题。菊乐股份与第一大供应商前进牧业交易价格的公允性也被关注提及。为此，菊乐股份再次主动撤回发行上市申请，深交所决定终止其发行上市审核。在深交所的二次问询中，菊乐股份被要求对研发能力是否符合主板定位做出说明。2023 年上半年，菊乐股份的研发费用率仅为 0.29%，低于同为地方性乳企的燕塘乳业、新乳业和天润乳业。由此可见对科技含量的要求也成为审核机构最为关注的要点之一。

2024 年 9 月 18 日，菊乐股份在四川证监局办理辅导备案登记，换了一个交易所申报材料，拟向不特定合格投资者公开发行股票并在北京证券交易所上市，辅导券商为中信建投证券，开启了第五次 IPO 之路。

菊乐股份多次未经充分准备就递交申请材料，确实既暴露了自身存在的硬伤问题，也反映了第三方机构审核和整改没能达标的问题。鉴于对企业科技含量的要求越来越高，在乳业这种传统消费品行业中，企业要想增加上市成功的概率，仍需要重大技术的加持。

五次冲击 IPO 失败，不甘心就换一个交易所，其实是希望借助北交所对上市公司数量的渴求，能在审核过程中得到一定的宽松处理。这或许有投机取巧之嫌，不过也无可厚非。毕竟，历史都是成功者书写的，只要成功就能把原来失败带来的阴霾一扫而光。

洛阳中超新材料股份有限公司（以下简称"中超股份"）成立于 2003 年，主要从事先进无机非金属材料研发、生产和销售，主要产品包括以超细氢氧化铝为代表的低烟无卤阻燃材料，以及以特种氧化铝、勃姆石为代表的锂电池涂覆材料等。公司是工信部授予的"国家级专精特新小巨人企业"。

公开资料显示，中超股份最早一次 IPO 辅导备案是在 2016 年 4 月 12 日，在河南证监局进行备案。然而，同年 9 月 12 日，辅导备案突然终止，首次 IPO 无疾而终。

2019 年 6 月，中超股份申报创业板上市，但很不幸被抽到现场检查，公司随即主动撤回上市材料。在后续问询中，对于此举，公司解释为"计划撤回后拟设立持股平台向研发人员增资扩股，优化激励机制"。

2020 年 10 月，中超股份再启 IPO，这次换成了科创板，但次年又撤回了申请。在后续申报问询中，公司解释为"2021 年以来证监会和交易所进一步重申科创板定位，从严把关，经中超股份和保荐机构审慎评估，认为公司的科创属性不够突出"。

2023 年 6 月，中超股份又换回创业板冲击 IPO，直到 2024 年 9 月 20 日，申请再次撤回材料。虽然不明白撤回的原因，不过，在本次申报的问询中，中超股份宣称在前次申报的基础上，对公司整体情况进行了更新披露，真实、准确、完整地反映公司实际情况，与前次申请文件披露内容不存在重大差异。

类似中超股份这类传统制造企业，面临的问题有很多，列举几个：

一是主营产品单一且研发费用占比过低。主要营业收入及经营利润来自超细氢氧化铝产品，该产品在 2023 年的业务收入占比高达 93.27%。报告期内，中超股份研发费用金额分别为

2 474.58 万元、3 836.22 万元和 4 714.59 万元；研发费用率分别为 3.63％、4.60％和 5.04％，均低于可比公司。

二是应收类资产大于应付类负债。近一期完整会计年度内，公司的应付票据、应付账款、预收账款等经营性负债累计为 0.6 亿元，应收票据、应收账款、预付账款等经营性资产累加为 3.8 亿元。应收项目占营业收入的比例分别为 57.34％、55.18％、53.49％和 103.44％，显著高于可比公司水平。

三是营收与净利出现趋势性背离，存在收入质量不佳等问题。近三期完整会计年度内，公司营业收入同比变动分别为 5.06％、15.38％、22.36％，持续增长，净利润同比变动分别为 31.63％、6.24％、2.86％，持续下降。报告期内，中超股份主营业务毛利率分别为 30.72％、27.70％和 25.84％，呈现明显下滑趋势。针对这个问题，中超股份也没有避讳，称如果公司未来产品售价上涨幅度小于成本上升幅度，或产品售价下降幅度大于成本下降幅度，产品毛利率则存在进一步下滑的风险。

四是关联交易公允性有质疑。据招股书显示，中超股份2021 年第四大供应商为洛阳国邦物流有限公司（以下简称"国邦物流"）与洛阳国牛商贸有限公司（以下简称"国牛商贸"）。当年，中超股份向前述两者采购的金额之和占公司采购总金额的比例为 4.93％。而国邦物流的控股股东陈晨与国牛商贸控股股东郭飞安系夫妻关系，陈晨系中超股份控股股东、实际控制人裴广斌之表侄女。表面上看,向实控人亲属采购的情况,可能会存在利益输送的风险,公允性有待考察,同时还会增加舞弊和不当交易的风险。

值得关注的还有分红的频率。最后一次申报的报告期内每一年度,中超股份均进行了现金分红,金额分别为 3 360 万元、4 480 万元、5 600 万元、4 480 万元。近四年中超股份分红金额合计约 1.79 亿元。

创立企业和做大企业都不容易,创业的时候想尽一切办法活下去,而企业在成长过程中可能会有不规范的操作(尽管在实际操作中这些行为可能被视为行业常态)。但是,想要上市成为公众公司,让大批的中小投资者关注并买入,就必须放弃那些明显存在可疑的行为。至少要讲清楚为什么会有这样那样的历史问题,然后想办法解决问题,给投资者一个交代,并取得监管机构和投资者的认可,否则都有可能成为上市的绊脚石。

从这两个极端案例可以看得出来,并非都是因为财务造假才撤材料,这样的认知误区是需要纠正的。为了达成上市的目标,拟 IPO 企业需要不断调整自己内部的管理结构和研发方向,全方位提升自己,真正成为有可持续经营和业绩增长能力的优质企业,这样才能被公众认可,并成为可依赖的公众公司。

通过 SPAC 避免对赌违约

《三十六计》之"敌战计",第八计暗度陈仓,原文是:

"示之以动,利其静而有主,《益》动而巽。"

在战争中正面迷惑敌人,同时从侧翼进行突然袭击。比喻暗中进行活动以应对变化。前文讲过,在投资行业中,有不少投资是需要企业与投资机构签署对赌协议,一种是对赌收入增长情况,一种是对赌上市申报时间。

按语 奇出于正,无正不能出奇。不明修栈道,则不能暗度陈仓。昔邓艾屯白水之北,姜维遣廖化屯白水之南,而结营焉。艾谓诸将曰:"维令卒还,吾军少,法当来渡而不作桥,此维使化持我,令不得还。必自东袭取洮城矣。"艾即夜潜军,径到洮城。维果来渡。而艾先至,据城,得以不破。此则是姜维不善用暗度陈仓之计,而邓艾察知其声东击西之谋也。

说暗度陈仓略显牵强,应该说是要想在对赌中取胜,就需要守正出奇,独立上市和通过 SPAC 上市同步并举,择优而上。

SPAC 即"特殊目的并购公司"（Special Purpose Acquisition Corporation）。按照美国的操作手法，SPAC 雷霆公司管理人先募集到管理资金，随后在 OTCBB（Over the Counter Bulletin Board，场外柜台交易系统）上市交易，成为一家"纯现金"公司，然后再在规定的时间内收购重组目标企业，从而达到合并上市的目的。现如今，SPAC 作为在港股、美股流行的上市模式，已经操作成功了多宗案例。

　　笔者研究了中国内地借壳上市的诸多案例，认为它们是变异版本的"国产 SPAC"。为什么这样讲呢？国外 SPAC 是先用公募的资金去完成"壳"的制造，国内的资本攒局也是需要有产业投资方和财务投资方，去协同拿下某个上市公司的实际控制权。不过，"国产 SPAC"与出资方的诉求相关，如果出资方是地方国资公司，那么搬迁上市公司注册地基本是第一诉求。如果出资方是产业方，那么装入其资产便是第一诉求。当然也存在多方共同出资去拿下上市公司控制权的情况，比如保险资金需要有风险控制很强的标的，加持的资源方越多，风险控制也就越到位，安全性是其最重要的影响因素。所以多重资方有可能形成共识，地方国资的诉求是搬家，保险资金的诉求是风险厌恶与稳健，银行并购贷款的诉求是稳健且能确保还上贷款及利息，而产业方的需求则在于监管趋严上市难的资产证券化及提升二级市场流动性。

二级市场对一级市场的"不友好"显而易见，大批的一级市场投资机构已经把最佳退出方式由原来的 IPO 上市转变为被上市公司并购或者借壳上市。收益高低暂且不论，只要能够保证 LP 的资金安全，即使自己少分甚至不分后端分红，也至少保住了自己在 LP 眼中的形象，并维护好一级市场投资机构间的口碑。排遣情绪的名句就是"牢骚太盛防肠断，风物长宜放眼量""留得青山在，不怕没柴烧"。一旦保住了市场地位和口碑，未来在政策变好之后，就更容易吸引那些因为保住老本儿而对自己印象甚佳的 LP，与他们携手推出新的基金产品，从而继续自己在一级市场的投资生涯。

有不少一级市场机构也在自行找钱收购上市公司，自己手里握住一个主投行业的上市公司，在未来被投标的退出的时候，可以作为自保的"杀手锏"。从长远来看，可以在未来基金募资时作为震撼 LP 的"一把利器"，让他们看到自己一二级联动的能力，也能增进他们对投资稳健的另外一种认识。这其实也是一种更纯粹的"国产 SPAC"，不但上市公司在手，自己投资的关联资产也在手，由此可以吸引被投标的企业降低估值接受投资。就像一个米其林饭店的大厨，团队把锅、菜、调味品都准备好了，随时可以下锅，不再需要焦虑地等某一样必需品的到来。

　　笔者认为，在 IPO"限流"的当下，能够让投资人成功获利退出，便是基金管理人对 LP 最负责任的表现。二级市场表现不佳的时候，曾经有公募基金经理没有任何操作便获得了榜单前列席位。一级市场也是如此，假设退出困难，那么本金能顺利退出已经是再庆幸不过的事情了。纳斯达克上市的 SPAC 要求国内企业净资产达到 500 万美元以上，上年利润不低于 100 万美元。而国内装入的资产要求会更高，利润越高，越能对现有壳公司的市值管理产生正向导引，从而确保参与方的资金安全更有保障。

　　新加坡股市、港股、美股的 SPAC 条件各有不同，优劣势也有所差异。不过，他们都是能够在资产装入时获得一笔资金，操盘手和背后资方也只为赚取财务收益。而"国产 SPAC"给操盘手背后资方带来的不仅仅是赚钱这一个结果，还可以给地方国资资方带来注册地搬迁的上市公司，增加当地上市公司数量，完成主政官员的 KPI；让一级市场机构资方在投资退出上获得了腾挪空间，为整个投资项目池赋予了退出通道和安全感；让产业资方发掘了新的上市流通渠道，可以通过定增等再融资方式向市场要钱，进一步发展自己的主营业务；让保险资管方获得了稳定的固定回报，且有优质资产的上市公司为自己"保底"；让银行并购资方获得了贷款稳定回收，以及利息回报。表 7-1 展示了世界三个主流 SPAC 交易所的主要区别。

表 7-1　世界三个主流 SPAC 交易所的区别

交易所	纳斯达克交易所	香港交易所	新加坡交易所
时间	2008 年	2022 年 1 月 1 日	2021 年 9 月
最低集资规模	未明确要求，但要求 SPAC 的市值必须大于 1 亿美元	要求 10 亿港元以上（1.28 亿美元左右）	未明确要求，但是要求 SPAC 的市值必须大于 1.5 亿新元（1.1 亿美元左右）
投资人资格（资质和数量）	无明确限制	SPAC 公司必须从独立 PIPE（指为完成 SPAC 并购交易而进行的独立第三方投资）投资者取得资金；且港交所要求 SPAC 股份和权证必须至少分发给 75 名专业投资者（包括 20 名机构投资者）	无明确限制
最低公众持股人数	400 名股东	继受公司至少有 100 名股东	至少 25% 已发行股份由至少 300 名公众股东持有
最低每股价格	4 美元，通常以每单位 10 美元上市发行	10 港元（1.28 美元）	5 新元（3.72 美元）
同股不同权问题	未有相关规定	未有相关规定	不允许同股不同权
发起人的最低投资份额和发起人的奖励权限上额	未有相关规定	至少有一名发起人认购至少 10% 的股权数额，而奖励股权不得超过 10%	发起人需认购 2.5%～3.5% 的数额，具体数额根据 SPAC 市值而定，奖励股权不超过 20%

（续表）

交易所	纳斯达克交易所	香港交易所	新加坡交易所
IPO 到完全上市的时间	36 个月，但一般会约定在 18—24 个月内完成并购交易	从 IPO 到完成并购交易的时限为 36 个月，最多可延长 6 个月	24 个月，最多可延长 12 个月
须存放在受托账户中的募集资金最低比例	最低需有 90% 存放在受托账户	100%	90%
SPAC 并购交易的股东会批准条件	需要半数股东赞成，但主要依据具体章程为主	需要半数股东赞成但这半数股东中不包括 SPAC 发起人以及其他拥有重大权益的股东	需要半数股东赞成，但主要依据具体章程
PIPE（上市后私人股权投资）要求和对其独立投资人的要求	未有相关规定	私募的投资根据并购公司上市前的估值，须占继受公司（合并后企业）预期的市值 7.5% ～ 25% 的份额，估值越高，份额的要求越低；PIPE 投资至少有 50% 来自至少三名机构投资者，三者的资产管理总值须分别至少达 80 亿港元（10.3 亿美元）	未有相关规定
权证摊薄的限制	无明确规定	认购权证对股权摊薄的影响不得超过 50%	首次公开发售发行的权证产生的摊薄影响不得多于 50%

（续表）

交易所	纳斯达克交易所	香港交易所	新加坡交易所
赎回权	若为就 SPAC 合并交易取得股东批准而召开股东大会，投票反对 SPAC 合并交易的公众股东须有权赎回其 SPAC 股份。然而，有关规则并不禁止 SPAC 向投票赞成 SPAC 合并交易的公众股东提供有关股份赎回权 若并未召开有关股东大会，则所有股东均须有股份赎回权。实际上，SPAC 发起人受合约约束，不得行使其股份赎回权（无论是发起人股份或 SPAC 股份）	在下列情况发生前，SPAC 必须给予投反对票的股东赎回股份的选项：进行 SPAC 合并交易、SPAC 发起人有变动以及物色合适的 SPAC 并购目标的期限延长；不建议给予就 SPAC 合并交易投赞成票的股东予以赎回权	如合并交易获批完成，独立股东无论支持或反对合并交易，将被赋予无限赎回所持股票的权利
优势	相关上市规定最为宽松、市场可以自由选择，上市受到的限制小；时间较短，上市整个流程速度较快	相对于其他两个交易所，香港的投资者保护措施做得更到位，且因为规定了投资者的资质，因此，能够成功上市的公司的质量更高	投资者保护措施做得比较到位
劣势	由于监管宽松，存在的问题也更多，投资者保护措施较为薄弱	上市规则较为严格	上市规则较为严格

由此可见，"国产 SPAC"的出现是应时机而生，应市场而生，又可以满足各位出资人的诉求，是一种可行的资本运作方式。

竞争对手下黑手，报废多年心血

《三十六计》之"并战计"，第二十八计上屋抽梯，原文是：

> "假之以便，唆之使前，断其援应，陷之死地。遇毒，位不当也。"

意思是把你骗上楼，然后把梯子抽走，就是为了让你知道这是密室，天知地知你知我知，需要对方来指点迷津，又怕对方有所顾忌，才出此计策。也可以是故意引诱对方过来，乘机切断其退路，逼着对方不得不向前走，然后拖死对方，自己获利。

按语　唆者，利使之也。利使之而不先为之便，或犹且不行。故抽梯之局，须先置梯，或示之梯。如：慕容垂、姚苌诸人怂秦苻坚侵晋，以乘机自起。

商战的残酷程度不亚于战场上的你死我活，只要某种产品利益足够吸引人，很快就会有仿制品出现，把价格打压下来占领市场。在没有更好的替代品出现前，市场会逼着各个厂家打价格战。

　　在医保部门眼中，仿制药的研发费用相对较低，但这块"大蛋糕"绝不能放弃。为了降低成本，只能在包装等方面下功夫，以期最终价格降低。然而，开标之后，有时会发现中标的价格比瓶子等物料的价格还要低。国企、央企采购更是如此，大多是价低者得，只要基本的功效或解决方案能达到投标标准，剩下的就是价格白刃战。

　　在商业领域，国与国之间同样可以通过制定重大的战略政策，提升自身实力，从而给竞争对手施加压力，以此方式来消耗对方的国力。

　　冷战时期，美国与苏联针锋相对，无论在军事领域的竞赛还是在国际政治地位的争夺上都展开了全方位的激烈竞争。美国利用苏联事事对标自己的思维方式，用出一招"上屋抽梯计"，把苏联拖上了太空竞赛和"星球大战计划"的擂台。

　　太空竞赛可以视为两国竞争的"开胃菜"，指的是 1957 年到 1975 年期间，苏联和美国在开发和发射人造卫星、载人航天、宇航船登月行动等空间探索领域的竞争。

　　1957 年 10 月 4 日，苏联第一颗人造地球卫星"斯普特尼克一号"成功发射，标志着当时地表两个最强大国太空争霸大赛的正式开端。人造卫星分为通信、导航、遥感三种应用功能，人造卫星能够摆脱地面交通条件和物理条件的限制，在太空面向地面终端直接发送信号，实现信息的快速传递，从而在军事方面达到快速打击敌人的效果。

此外，据历史资料显示，20世纪60年代，苏联和美国分别从丘拉塔姆荒原和佛罗里达海岸向太空发射了30多艘载人飞船，完成了60余人次的太空飞行。1969年，美国的"阿波罗11号"成功登陆月球，进一步激发了两国在太空领域的竞赛。太空竞赛充分展示了两国航天科学技术的发达，同时也促进了军事力量的增强，但这一进程对资金的消耗巨大，导致苏联开始有点力不从心。

真正狠辣的计策是美国用出了"星球大战计划"这一招。1983年3月23日，美国总统罗纳德·里根发表了后来被称为"星球大战"的演讲："如果人们能够自由平安地生活，是因为他们的安全不是依赖美国用直接的报复威胁来防止苏联的攻击，而是因为我们能够在战略弹道导弹到达我们或我们盟友的领土之前对其进行拦截和摧毁，情况会怎么样呢？"随后，美国政府宣布将成立战略防御计划组织施行"战略防卫先制计划"，此项计划由"洲际弹道导弹防御计划"和"反卫星计划"两部分组成，预算为1兆亿美元。"洲际弹道导弹防御计划"的目的是建造太空激光装置形成独立的反弹道导弹系统，在敌人的核弹进入大气层前进行摧毁，使其无法落地美国本土。除了太空防御网外，如果有多弹头负载或者漏防情况，还能够启动第2层、第 3 层、第 4 层防御网。"反卫星计划"的目的在于美国建造的太空基地对世界各国尤其是苏联的卫星进行全天候不间断监视，在战时必要的时候可以对敌对国家卫星发起摧毁打击，借此削弱敌方的预警、通信、导航等能力，进而取得战争胜利。

果然，苏联被"星球大战计划"的预计效果震慑，高层抓紧拟定应对政策。1986 年，苏联建成了首个可以长期居住研究的"和平号"太空空间站。因为五角大楼的一些机密文件被曝光，人们开始怀疑"星球大战计划"是美国故意释放出来的烟雾弹，目的就是在资金方面拖垮苏联，取得冷战的胜利。

最终，美国得偿所愿，苏联在 1991 年 12 月 25 日彻底解体，美国确立了世界超级大国身份。

太空资源非常有限，地球上的资源也非常有限，国家的经济实力始终处于此消彼长的状态。世界各国为了本国的利益，在政治经济领域或多或少都存在摩擦，也难免会采取一些策略来消耗竞争对手的国力，从而提升自己在世界上的地位，促进本国经济的快速发展。

经济下行周期到来，降薪裁员已经成为屡见不鲜的新闻。各个行业都面临着激烈的竞争，租金方面，房东对租房企业体现出前所未有的关照，各种免月租免车位租金。对于租户企业而言，房子可以搬到偏远的地方一点，有地铁就可以了，反正员工都已经舍不得打车了。楼宇里的家具必须都给配好，必须要拎包入住，家具这种买到即贬值的物件能不买就不买，反正租赁条件不佳还可以搬家，要搬家具的话还需要搬家公司多请几个工人，所以，轻车简从最好。形势逼人，这也让大平台之间的竞争愈发白热化。

几家欢乐几家愁，问君能有几多愁，恰似一江春水向东流。京东肯定不发愁，因为京东刘强东的"兄弟"们又加薪了，在经济被宣传成不断下行的今天，有点倒行逆施，看来是逆风飞扬的意思。京东、拼多多、淘宝算是电商平台中的翘楚，在经济下行周期，京东的薪水不降反升。

据京东称，过去三年来，京东集团连续提升员工的薪酬水平：

2021年7月1日至2023年7月1日，京东用两年时间将员工平均年薪由14薪逐步涨至16薪。2024年1月1日起，京东采销等一线业务人员的年固定薪酬大幅上涨近100%，2024年初，京东零售全员平均加薪不低于20%。2月1日起，超2万名京东一线客服员工实现全年平均薪酬上涨超过30%。7月1日起，通过一年半时间，京东采销年度固定薪酬由16薪提升至20薪，业绩激励上不封顶。8月，京东2025校园招聘全球启动，开放1.8万个岗位，同时将校招生薪酬再次大幅上调。9月2

日，京东在其官方微博发布信息，京东 2025 届校招生岗位薪酬将全面上调。本次校招规模庞大，共提供了 1.8 万个岗位，包含 1.2 万个 2025 届应届生岗位和 6 000 多个实习生岗位。其中，采销、技术、产品等核心岗位薪酬上调不低于 20%。所有校招入职的"京东采销"将可达到全年 20 个月的薪酬结构，年终奖高达 8 倍月薪，另外设置"上不封顶"的 Big Boss 激励。

加薪是留人，但是京东这样的单位需要留人吗？那么多失业人员找不到工作，其中不乏经验十足的业内人士。假设京东说开放招人，那肯定就不会缺人。有人说京东是因为裁员了一大批人，省下了不少工资帽，所以才拿着一部分多出来的钱，留住已经被裁员闹得人心惶惶的骨干队伍。截至目前，笔者没听说过其他电商平台有集体涨薪的情况发生，电商平台的工作人员是存在大范围趋同的，京东的计策是上屋抽梯，逼着其他电商平台的工作人员考虑是不是该换个平台"996"（指早上 9 点上班，晚上 9 点下班，一周工作 6 天的工作制度）了。最差的结果，京东至少能够留住自己的骨干，降低人才流失的比例，也降低了再次招聘人员和新人入职磨合的成本。

换一个角度来看，群体消费能力的减弱，对现在的电子产品依然占主流的京东电商而言，其实是一种打击。京东的起势是因为体积小、价格高的电子产品。曾经有段时间，各快递公司管理机制并不完善，非常混乱，快递员们还有偷拿快递的习惯，据说丢的最多的那份一定是京东的快递。说不准开盲盒开出苹果手机或者学习机，偷盗的客单价足够高，性价比也非常合适。好处在于京东已经不再单纯依赖电子产品撑起收入，送药、京东到家等各种业务场景模块，分散了经济下行带来的收入下滑风险。所以，总有新的盈利增长点出现来补齐其他板块带来的亏损。

最近拼多多和京东的收入增长都是比较显著的，市值相差 3 倍的二位互联网巨擘，也都在不停地裁员，或者说裁员与招人并驾齐驱。其实还是在减员增效，或者说留下工作效率最高的那批员工，引进工作效益高的员工，淘汰那些业绩不佳的员工。一来一去，正反等于向市场释放了不少匹配度不高的员工，还让适合企业文化和发展阶段以及主要业务的骨干员工踏踏实实地工作。毕竟，当前环境下，保住一份稳定的工作不容易。无论是谁，在工资变多、工作量不变的情况下，还是愿意留在比较熟悉的平台。盼望着策略性裁员涨薪的公司，也能学习一下京东，留住人心，靠的是薪资，财聚人散，人聚财散。

通过人才竞争来消耗竞争对手内部的文化自信、员工自信、员工忠诚度，也不失为一项上屋抽梯计谋，潜移默化之中，行业内自有公断。短期内抢夺人才或许能带来一时之快，持续不断地吸引或留住骨干员工，才是长久之计。

第八章

市值管理对谁负责

对于有志于 IPO 的公司而言，上市只是第一步，上市之后难道就撒手不管了吗？监管部门审查公司最重要的一环就是是否具有可持续经营能力。上市不是为了让你融资，然后就撂挑子，而是让你在股市能有一席之地，能做一颗推动中国经济发展的重要棋子，同时也是为了能让投资二级市场的人们获利。

　　健康积极向上的大市场需要由多个致力于将公司经营良好的实际控制人和管理层共同建设。如果找不到合适的管理团队，公司业绩出现下滑，那就需要监管出面给予指导；管理层胡作非为，导致上市公司管理混乱，市值下跌惨重，那么同样需要监管介入；大股东挪用上市公司资金，做自己的老鼠仓，也必须面临监管的处罚，甚至可能被移交司法机关处理。

　　市值管理无小事，舆情的一小步变动，可能是市值波动的一大步。只有放下对上市公司短期获利出逃的小算盘，才有可能真正为公司经营出力，有效影响市值，进而在中国经济和股市中产生更积极的"蝴蝶效应"。

从股东到业务层面给壳公司大换血

《三十六计》之"混战计",第十九计釜底抽薪,原文是:

"不敌其力,而消其势,兑下乾上之象。"

意思是从根本上解决问题,要从锅下面把柴火抽出来,完成大换血。

按语 水沸者,力也,火之力也,阳中之阳也,锐不可当;薪者,火之魄也,即力之势也,阴中之阴也,近而无害;故力不可当而势犹可消。《尉缭子》曰:"气实则斗,气夺则走。"而夺气之法,则在攻心。昔吴汉为大司马,有寇夜攻汉营,军中惊扰，汉坚卧不动。军中闻汉不动，有顷乃定。乃选精兵反击，大破之，此即不直当其力而扑消其势也。宋薛长儒为汉、湖、滑三州通判，驻汉州。州兵数百叛，开营门，谋杀知州、兵马监押，烧营以为乱。有来告者，知州、监押皆不敢出。长儒挺身出营，谕之曰："汝辈皆有父母妻子，何故作此？叛者立于左，胁从者立于右！"于是，不与谋者数百人立于右，独主谋者十三人突门而出，散于诸村野，寻捕获。时谓非长儒，则一城涂炭矣！此即攻心夺气之用也。或曰：敌与敌对，捣强敌之虚以败其将成之功也。

新"国九条"发布前，作为资本市场"守门人"的保荐机构、会计师、律师虽然在客户数量上逐渐减少，但因收益上需要达到相应平衡，因此收取的费用更高。相较十年前，当时三方机构收费并不高，现在已经达到了相对畸高的程度，原因其实很简单——责权利相当，承受的处罚风险和获得的收益能够成正比。新"国九条"发布后，收费预计不会下降，且服务对象仍锁定在一定数量的科技公司上，然而，这依然不能解决上市公司质量和数量齐增的问题。因此，需要通过重组并购等外力手段和新兴产业的引入来改变上市公司产业结构转型升级问题。

民营上市公司面临经营危机，融资困难无法解决，业绩呈现疲软，同时债务过高拖累经营，质押爆仓等问题频发。现状使得地方国资收购上市公司已经成为新常态。虽然在收购之前，对上市公司设定了众多的要求，也通过券商投行、会计师、律师做了详尽的尽职调查。但由于多数上市公司已经在市场上摸爬滚打数十年，大家很难摸清楚症结到底在哪里。国企的性质和资金来源的性质决定了，在进行上市公司的并购时，必须坚持程序正义，同时也要在后续运营中尽量保证国有资产的保值与增值。假设无法做到这两点，相关部门可能会在未来对收购上市公司的相关负责人员进行追责。所以有时候上市公司的实际控制人换成国资之后，需要做一轮大洗牌，对股东、业务、管理人员等，都要有新的规划和设计，并且要在现有实际控制人的完全可控范围之中。

有关数据显示，近些年，国资已成为上市公司控制权交易的重要"买家"。根据并购投行"文艺馥欣"的统计，在2018—2023年间，国资买方在控制权交易市场收购了222家上市公司，而在2023年度的交易性控制权变更事项（剔除非交易类因素导致的控制权变动）共有94家次，其中国资收购方为37家，占比39%。根据Wind数据不完全统计，截至2024年7月9日，2024年共有52家上市公司发布了"实际控制人拟发生变更或已变更"公告。

2018年11月25日，成都兴城与大通集团、姚小青、孙长海签订股份转让协议。2019 年 1 月，红日药业控股股东变更为成都兴城，实际控制人为成都市国资委。2023 年年报披露，2023 年内，红日药业共有 7 位"董事、监事和高级管理人员"离任。另外，2024 年 2 月、3 月、4 月，红日药业原董事蒲旭峰，原副董事长、董事及总经理郑丹、原董事长姚小青分别离职。选举吴文元为董事长，蓝武军为副董事长，并聘任蓝武军为公司总经理，聘任孙武为常务副总经理、财务负责人。吴文元与孙武均具有成都兴城任职背景。

红日药业实控人变更以来，原董事长姚小青合计减持 1.04 亿股，如果按照交易均价粗略计算，套现金额超过了 6.3 亿元。

财报显示，2021 年、2022 年、2023 年、2024 年中，扣非净利润分别为 6.782 亿元、5.707 亿元、3.756 亿元、1.371 亿元，逐渐大幅下滑。红日药业在完成收购后的第三年出现业绩顶峰，继而又出现业绩增速下滑，这给控股股东成都兴城带来了不小的压力。原有董事、监事和高级管理人员的相继离职，可视为国资进行自我保护的表现。为了扭转业绩颓势并完成国资的相关考核，国资监督部门需要对上市公司进行实质性日常管理。

就 A 股上市公司的产业分类和主营业务而言，其中不少公司的业务已经属于落后产能领域。A 股市场仍存在大批的落后产业的上市公司，这让上市公司蓄水池里面杂质横生，又好比布满病患的游泳池，投资者进去就得深吸一口气。即便如此，依然避免不了被此类股票消息误伤。这肯定不是好事，虽然股民可以对单个股票"用脚投票"表达不满，但无疑会拖累整体资金投入和选股的质量，进而又可能引发扰乱资本市场的乱象。

2024 年 4 月 12 日，深沪交易所发布股票上市规则征求意见稿，计划对深沪主板三套上市标准提高净利润、现金流量净额、营业收入和市值等指标。全面提升金融工具、公募基金、上市公司、保荐机构等各方面的质量，新出的"国九条"当仁不让成为提振资本市场的强心剂。在此之前，IPO 收紧和劝退、严查拟上市公司等措施，已经成为让企业和投资机构心惊胆寒的"王炸"。现在的高质量上市公司新规，是能够让投资机构起死回生，还是会进一步压缩资本的容量，导致大批中小企业再无翻身之日呢？

公开资料显示，原名为巴安水务的 * ST 巴安成立于 1995 年，是一家专业的水处理设备系统集成服务商。主营业务涵盖市政水处理、工业水处理、固体废弃物处理、天然气调压站与分布式能源以及施工建设等五大板块。2011 年 9 月在深交所挂牌上市。

2021 年 3 月，因债务危机，巴安水务引入"白衣骑士"山东省潍坊市高新区国有企业山东高创建设投资集团有限公司

（以下简称"山东高创"）。根据相关协议，巴安水务实控人张春霖将持有的部分股份共计 6 634.15 万股，转让给山东高创，并放弃表决权。目前山东高创的持股比例为 9.91%。然而，由于巴安水务和张春霖涉嫌信息披露违法违规被中国证监会立案调查，原计划对山东高创的定向发行股份，未能实现。根据《创业板上市公司证券发行注册管理办法（试行）》第十一条规定，上市公司及现任董事涉嫌违法违规正在被中国证监会立案调查，公司不得向特定对象发行股票。

由于股东之间的股权纠纷，高管队伍进行了大换血。2023 年 3 月 20 日，深交所给巴安水务下发了关注函，针对公司第五届董事会 7 名董事就有 6 名辞职，第五届监事会也有 3 名监事辞职，监管层要求公司补充说明董事、监事集中辞职的原因及合理性。同样糟糕的还有业绩，2020 年至 2022 年，巴安水务归母净利润分别为 -4.7 亿元、-13.04 亿元和 -3.86 亿元，三年累计亏损 21.6 亿元。2023 年半年度报告显示，巴安水务实现营业收入 1.50 亿元，同比增长 22.54%；归属于上市公司股东的净利润 -7 192.05 万元。

2024 年 6 月 19 日起，*ST 巴安停牌，8 月 2 日，深交所发布关于上海巴安水务股份有限公司股票终止上市的公告，这也是 2024 年第 38 家退市企业。公告显示，根据深交所相关规定，若公司出现连续二十个交易日的股票收盘价均低于 1 元的情形，深交所终止其股票上市交易。因触及交易类强制退市情形而终止上市的股票不进入退市整理期。截至公告披露日，*ST 巴安连续二十个交易日出现股票收盘价低于 1 元，已触及上述规定的终止上市情形。

按照退市结果推断，山东高创面临的指责可能相当严厉。在花费了人力、物力、财力后，前期尽职调查并未发现巴安水务暗藏的"坑"，也没有避开，还提供资金、资源的支持，也未能实质性获得巴安水务的控制权，最终落得一地鸡毛。这种结果是操盘收购的国有企业最不愿意见到的结果，它成了资本市场上的又一场闹剧。

同样属于环保行业，并且同样属于被北京市朝阳区国企并购的 *ST 东园，也遭遇了退市风险警示的尴尬局面。为此，*ST 东园分别于 2024 年 4 月 19 日、20 日、22 日，三次发布了退市风险警示的提示性公告。

俄国作家列夫·托尔斯泰在《安娜·卡列尼娜》里说过，幸福的家庭都是相似的，不幸的家庭各有各的不幸。任何一家公司，不管是公众公司还是非公众公司，都会面临经营不善的风险。导致业绩不佳的原因也是五花八门，风险防控工作是投资完成前后最重要的一步棋。若这一步走不好，将导致全局失败，满盘皆输。

赔钱赚吆喝，逼自己也逼对手

《三十六计》之"败战计"，包括第三十一计美人计、第三十二计空城计、第三十三计反间计、第三十四计苦肉计、第三十五计连环计、第三十六计走为上计。其中，第三十四计苦肉计，原文是：

> "人不自害，受害必真。假真真假，间以得行。童蒙之吉，顺以巽也。"

意思是从人性的角度而言，人是不可能伤害自己的，所以只要受了伤害，敌人认为一定是真的。这是通过伤害自己的身体来欺骗对方，从而达到自己的目的。

按语　间者，使敌人相疑也；反间者，因敌人之疑，而实其疑也。苦肉计者，盖假作自间以间人也。凡遣与己有隙者以诱敌人，约为响应，或约为共力者，皆苦肉计之类也。如郑武公伐胡而先以女妻胡君，并戮关其思；韩信下齐而郦生遭烹。

舍不得孩子套不着狼，在商战中，大批创业者的标杆客户或者标杆场景都是"赔钱赚吆喝"。如果不牺牲自己的利益作推广来吸引消费者，新品牌就很难获得认可。对于 TO B 类型的生产制造企业而言，这一点尤为重要。如果无法得到央企或者上市公司的青睐，那么，公司要想闯出名堂并获得投资人的资金支持，将会面临更大的难度。

靠商业模式来打天下的企业，往往都会采用"战略性亏损"的策略，以期找到足够多的资金来认可其公司的成长性。新业态、新模式的出现，一般会很快吸引众人的模仿和突进，商业模式的创新和对过去生态的颠覆，需要用资本来验证和推动。因此，烧钱扩张被美其名曰"战略性亏损"。有些投资机构也常用互联网用户思维来判断企业的发展速度和未来的市场地位，并不考虑什么时间才能开始盈利。

成立于 1992 年的日化巨头蓝月亮集团是中国高科技清洁品牌的代表企业。公司专注于为消费者提供高质量、低化学残留的清洁用品，如洗衣液、洗洁精、洗手液等。

近两年来，蓝月亮为了增加销售收入，在网络和短视频营销上下了大功夫。然而，在二级市场却遭遇了滑铁卢，股价从最高 18 港元跌到了 2024 年 9 月的 2.2 港元左右，市值也从 1 200 亿港元跌到 130 亿港元左右，市值蒸发超过 1 000 亿港元。

2020 年至 2023 年，蓝月亮的营收分别为 64.23 亿元、

69.73 亿元、72.91 亿元、67.18 亿元，同期实现归母净利润分别为 12.01 亿元、9.31 亿元、5.61 亿元、2.98 亿元。2024 年上半年销售额虽然实现了 41% 的显著增长，但公司有 6.65 亿港元的巨额亏损，净利润同比下降了 296%。这种情况颇为尴尬，营收虽稳步增长，但净利润却逐年下滑。增收不增利确实很让人苦恼，难道纯粹是为了吸纳现金流？

从 2020 年到 2023 年，蓝月亮的销售费用从 20.17 亿港元一路飙升至 32.44 亿港元，销售费用率从 28.8% 飙升至 44.3%。2024 年上半年，蓝月亮靠电商卖了 22.7 亿港元，贡献收入占比达到了 73%，2023 年同期，此比重为 65%。与之同比上涨的还有成本，2024 年上半年，蓝月亮的"销售及分销开支"比销售成本多出了 9 亿港元，2024 年半年财报解释，上半年大幅亏损的主要原因在于，推广新产品、拓展新电商渠道及品牌建设业务，导致销售及分销开支大幅增长。由此看来，销售费用真的成了吞金兽，赔钱赚吆喝主要赔在这儿了。有评论家笑谈，蓝月亮成为给短视频直播网站打工的公司之一。

2023 年，蓝月亮的品牌力指数名列前茅，然而，仅凭这一点并不能显著减少蓝月亮采取"赔钱赚吆喝"的昏招。其中一个例子是，2015 年，蓝月亮在与大润发的商务谈判中，要求在商场设置专柜，并降低合同扣点，这一要求惹怒了大润发。随后，包括大润发在内的家乐福、沃尔玛等大型商超纷纷下架蓝月亮产品，使蓝月亮线下销售遭遇滑铁卢。这也说明蓝月亮当时还没有能力扭转时局，从而给了立白、奥妙等竞争对手可乘之机。此外，2016年，蓝月亮着手在北京、广州等一线城市做社区小店"月亮小屋"，销售产品以及提供洗衣服务，尝试"O2O+直销"模式，结果不到一年，便闭店了事。

短视频直播卖货成为新兴销售渠道之后，蓝月亮也看到了其中的商机，于是迅速调整战略，与东方甄选、疯狂小杨哥、"广东夫妇"等达人进行合作，提供给他们的价格基本都是网络最低价。2024年6月30日，网络达人"广东夫妇"在蓝月亮广州总部开启了专场直播，并喊出"1分钟送3台苹果手机"的口号，共送出5 000台苹果手机。据平台数据统计，该场直播累计观看人次超6 800万，并打破截至当日抖音家清单场直播的GMV纪录。有媒体报道，这场直播的投流费用由蓝月亮自掏腰包，预估在4 000万元左右。蝉妈妈数据显示，本场直播付费流量占比足足有69%，远超行业平均水平。

蓝月亮的做法也无可厚非，假使它不做，对手方也会做。市场天花板再高，市场的容量也是有限的，"不是东风压倒西风，就是西风压倒东风"。客户对品牌的认知程度，以及不断成长的各年龄段用户的消费习惯，需要品牌方每时每刻进行培育，一旦客户养成了特定的消费习惯，他们更换品牌的难度就会增加，品牌方也因此需要付出更多的代价来争取他们。

　　引人深思的是，蓝月亮成了高瓴资本张磊在他的著作《价值》里津津乐道的经典案例。2010 年，高瓴资本投资了蓝月亮的天使轮 4 500 万美元，并在 2011 年追加又投资了 103 万美元。在蓝月亮上市前夕，高瓴资本累计获得了 2.3 亿港元的分红，投资的本钱回来了大半。当时有预测认为，蓝月亮上市后估值会飙升，可以成为中国的"宝洁"，高瓴资本的累计投资收益可能会超 20 倍。2020 年 12 月 16 日，蓝月亮终于在香港联交所挂牌上市，当天总市值最高时达到 1 122 亿港元。现在看来，一路下跌的股价让高瓴资本获利 20 倍以上的预测已经化作泡影。不可否认，没有什么公司是一帆风顺的，经历大风大浪的洗礼，才能成为称霸一方的行业巨擘。

　　分红的时候，蓝月亮可谓出手阔绰。上市前，蓝月亮突击分红，向唯一股东 Aswann 分红 23 亿港元，而创始人罗秋平、潘东夫妇共同持有 Aswann 约 88.92% 的股份，分走 20.45 亿港元。2020 年至 2023 年，蓝月亮每年保持派付股息。其中，2020 年至 2022 年，已付股息 4.04 亿港元、7.73 亿港元、9.36 亿港元，再加上 2023 年 3.34 亿港元的股息。以此计算，自 2020 年以来，罗秋平、潘东夫妇拿走近 40 亿港元分红。2024 年《胡润全球富豪榜》上，蓝月亮创始人罗秋平、潘东夫妇的财富仍保持在 100 亿元，但排名暴降跌落至 2 418 位次。从 2020 年 12 月上市到 2024 年年中，罗氏夫妇的财富累计减少 550 亿元。

短视频直播需要给网络达人交"坑位费"，还需要把价格调整为全网最低价，才能够吸引消费者冲动买单，为未来使用囤货，因此，销售成本和产品成本成为决定厂商能否依然保持一定利润的关键。至于由此带来的广告效应，其实并不显著，毕竟想要搞出一个上热搜的新闻事件也需要大量的投入。

吆喝也要讲究方式方法，吆喝是为了卖货，卖货是为了赚钱，只要有流量，就有可能让相关成本降到最低。剪刀差越大，利润空间就会留得越足。这样才能形成营销市场和生产的正循环，才能有正现金流支撑企业继续进行研发和市场投入。

新质生产力包括生产要素的创新性配置，直播带货其实也给传统产品打开了新的一扇门。吆喝不赔本的买卖，同为日化产品的"活力 28"做到了，而且做得很好。

1950 年成立的"活力 28"属于老牌国产日化品牌，"活力 28，沙市日化"的广告语也曾经家喻户晓。它还被评为"第一家赞助央视春晚的企业""第一家全国 500 强日化企业"。在沉寂过一段时间后，品牌影响力大不如前。2023 年 6 月，"活力 28"曾被曝欠薪、欠货款，经营状况不佳，并宣布遣散所有员工。成都意中洗涤用品有限公司是湖北活力集团有限公司的代加工企业，直播就是他们的清仓式自救行为。不过，在短视频直播的领域，"活力 28"算是出圈了。

2023 年 9 月，网络主播李佳琦的那句"一支'花西子'79 元哪里贵了？"让消费者开启了怀旧模式，纷纷喊话让既便宜又好用的老牌国货赶紧"通网"，希望在直播间看到那些曾淡出消费者视线的国货品牌产品。

2023 年 9 月 13 日，成都意中总经理助理"眼镜大叔"万仲、产品质量总监"光头大叔"沈军、库房管理员"帅大叔"万杰三个 50 岁以上的"小老头"走进直播间，当天"活力 28"视频号涨粉超百万，售出 500 万元产品，清空了所有库存。令"活力 28"震惊的销售效果，也让这家面临破产的公司重新燃起斗志。三个"小老头"边学直播边卖货，因为关键词出现限制词还被禁播几次的"活力 28"直播间"被迫"火线开播了，各种"笨拙"的操作和没有经过指导训练过的淳朴话语反而赢得了网友们的好感。网友们还通过在线教学对这三个"小老头"进行培训，"孩儿们你们好，一定要理智消费""抢到的抠 1，抠 1 的叉出去""'公主'请下单"这些词都是现教现卖，直播效果爆棚，"活力 28"视频号不到 3 个月就收获了 700 多万粉丝。

经过这一轮操作，"活力 28"从破产清算申请为破产重整。按照我国企业破产法的定义，破产重整是指针对可能或已经具备破产原因但又有维持价值和再生希望的企业，经由各方利害关系人的申请，在法院的主持和利害关系人的参与下进行业务上的重组和债务调整，以帮助债务人摆脱财务困境、恢复营业能力的法律制度。

由此可见，新质生产力赋予传统消费品的能量是巨大的，世间本无路，走的人多了就有了路。

做烂的市值谁受益了

《三十六计》之"败战计"，第三十二计空城计，原文是：

"虚者虚之，疑中生疑；刚柔之际，奇而复奇。"

意思是在敌众我寡的情况下，要让敌人误以为我方实力强劲，敌人迟疑不前，最终贻误战机，等到我方援军到来。

按语 虚虚实实，兵无常势。虚而示虚，诸葛而后，不乏其人。如吐蕃陷瓜州，王君焕死，河西汹惧。以张守珪为瓜州刺史，领余众，方复筑州城。版榦（筑城墙用的夹板和立柱）裁立，敌又暴至。略无守御之具，城中相顾失色，莫有斗志。守珪曰："彼众我寡，又疮痍之后，不可以矢石相持，须以权道制之。"乃于城上置酒作乐，以会将士。敌疑城中有备，不敢攻而退。又如齐祖珽为北徐州刺史，至州，会有陈寇，百姓多反，斑不关城门。守陴者，皆令下城，静座街巷，禁断行人，鸡犬不乱鸣吠。贼无所见闻，不测所以，或疑人走城空，不设警备。斑复令大叫，鼓噪聒天，贼大惊，顿时走散。

　　从投资的角度而言，空城计在二级市场表现形式不少，利好出尽即是利空，利空出尽即是利好，能够判断二级市场走势的人都是天才。在 A 股市场表现不好的股票，连续跌停再次上扬的时候，也是驱逐散户的时候，手里可以拿到更多的筹码，为下一次做市做好充分准备。具体操作方面，二级市场的手法有很多，最常见的是市场上传来消息，利空来袭；随即上市公司股票连续几个跌停，见此情景，蠢蠢欲动想要举牌拿到控制权的资本便可以下手了，拿到 4.99% 的股份，进可攻，退可守；然后利好消息又突然传来，股价开始上扬，前期进入的资金已经出现浮盈。二级市场的基本逻辑就是由消息和动作来引发股价的波动，以信息差来获取利益。

　　在商业管理方面，要示敌以强，以弱胜强。换句通俗的话说，就是即使啥也没有，也要硬撑下去，装到最后自己都信了。只有自己信了才能获得别人的投资，获取以自身实力不可能获得的利益。最终，用空城计得到的利益再来壮大自身，实力大增。

　　中国最会唱空城计的商人之一是贾跃亭。从乐视到新能源汽车 FF，贾跃亭把此计用到了极致。第一出空城计是乐视网，第二出空城计是法拉第未来。

现在的乐视网在贾跃亭一次次减持后，逐渐变成了真正的"空城"。据媒体统计，贾跃亭一家在乐视控股的上市公司层面不断减持，前后累计套现超 140 亿元。

乐视网的"城"既然已经被搬空了，那就更适合真实地把空城计唱下去了，否则就会引起媒体的广泛关注和股民的强烈恐慌。2015 年 5 月，贾跃亭承诺将减持所得资金，无息借给公司，用于公司运营，借款期限将不低于 60 个月。为此，乐视网还发布公告，宣称贾跃亭减持的资金再次转回到上市公司，成为无息贷款，上市公司应该感谢贾总。谎话终归是谎话，骗局总归不会变成真的。2015 年 11 月 10 日，乐视网发布公告称，公司于 11 月 9 日分别收到贾跃亭、贾跃芳的回复函。贾跃亭明确表示，由于乐视的资金危机，他已无力继续履行对上市公司无息借款的承诺。现在看来，贾跃亭早就意识到拥抱梦想要花的钱太多，还不如揣进自己兜里来得实在。

2017 年 7 月 4 日，贾跃亭出走美国，可能再也没想过回来。不过在舆论造势面前，贾跃亭从来没有输过，不管对朋友还是对敌人，别人很难猜出他说的每一句的真假。人生如戏，全凭演技。2017 年 7 月 6 日，贾跃亭发布公开信，喊出"会对乐视的员工、用户、客户和投资者尽责到底！"京东创始人刘强东当时也在网上力挺贾跃亭，说"老贾有情怀、有梦想、敢冒险、工作努力！作为一个创业者，值得肯定和赞扬！"

城已经空了，最大的可能性是要把城里的东西搬空之后，去别的地方建设新城了。2017 年 7 月 16 日，有媒体爆出乐视控股创始人贾跃亭花费 700 万美元在美国洛杉矶买豪宅，马上，乐视网就发布了公告，称这份消息爆料出的"贾跃亭私人房产"，实际上是三年前乐视汽车在美国创业初期陆续购买，并不属于贾跃亭个人。而且，由于汽车研发制造需要大量资金，之前乐视汽车已将该房产全部抵押，所有资金投入到汽车研发。

在清理遗留问题的时候，律师发现，乐视网上市公司给员工们的股权激励，贾跃亭并未在法律文件上面签字，因此也不具备法律效力。不止如此，供应商和客户们也都没能得到还钱的具体承诺时间。债主们围堵乐视大厦，拉着横幅、跳着脚让贾跃亭还钱。

钱肯定是还不了了，但还能忽悠大家继续陪他一起做梦，这次贾跃亭选择了新能源汽车梦。

Faraday Future（法拉第未来，纳斯达克代码"FFIE"，以下简称"FF 公司"或"FFIE"）是贾跃亭唱的第二出空城计。已经无法回到国内并且在外每周都宣传"下周回国"，也可能是因为被限制高消费而永远没听说订过机票的"贾会计"，开始迅速调整战略战术，将全部精力放到 FF 这事业的"第二春"上。

2019 年 3 月 21 日，据美国科技媒体 The Verge 报道，最新财产文件显示，法拉第未来刚刚出售了其洛杉矶总部，以便筹资帮助公司继续维持运营，贾跃亭在潜在投资人面前显示出了破釜沉舟、置之死地而后生的劲头。

公开资料显示，FF 公司的造车梦一直在大量消耗资金，直到上市之前，FF 新能源车仍未实现交付并上路行驶。

2015 年 3 月，完成 A 轮融资，融资金额未公开。

2016 年 3 月，完成 B 轮融资，融资金额超过 15 亿美元。

2017 年 1 月，在 CES 展会上，FF 公司首次展示 FF91 概念车，并宣布与恒大集团达成合作协议，恒大集团投资了 6 亿美元。

2019 年 7 月，FF 公司进行重组，与 Birch Lake Associates 等投资者达成新的融资协议。

2020 年 9 月，FF 公司公开宣布完成 D 轮融资，融资金额未公开。

贾跃亭明白，世界上没有一样东西比上市赚钱更快。于是，2021 年 1 月 28 日，法拉第未来宣布将通过与 SPAC 合并的方式在美国纳斯达克上市，希望募集资金超过 10 亿美元，支持新能源造车计划，借此法拉第未来创造了 SPAC 上市新能源车企融资额新纪录，合并后公司交易代码为"FFIE"。

上市过程比较顺利，不过空城计还是继续唱。2022 年 2 月，法拉第未来宣布，公司独立董事特别委员会已完成先前宣布的对不准确披露指控的调查。FF公司在业务合作声明中指出的FF91有超过14 000份预订数据涉嫌虚假，因为仅有数百份完成了预定支付，有14 000份是没有支付的。2023年法拉第未来交付了10辆车，其中有一辆还是贾跃亭自己买的，另外几辆也有FF公司的员工出手购买。在2014年至2023年的9年间，FF公司一共才交了7辆车。

在2024年内，"FFIE"股价曾达历史最低点，与巅峰时期相比，跌落幅度高达99.99%，随时有被迫退市的风险。进入5月后，FF公司股价曾一度飙涨，再度翻了数十倍。期间在二级市场买入的资本，已经赚得盆满钵满。2024年7月30日，法拉第未来发布2024年一季度财报，运营亏损大幅收窄至4 360万美元，去年同期亏损为9 580万美元。

与此同时，依然有中东资本为其买单。2024年9月6日，FF公司宣布其已从中东、美国和亚洲投资者处获得3 000万美元的融资承诺。此外，FF公司还收到了来自纳斯达克的书面通知，确认FF公司重新满足纳斯达克上市规则中的股价要求和定期申报要求，到此为止已符合纳斯达克继续上市的所有标准。

美国当地时间9月19日下午17点，酝酿多时的"FF中美汽车产业桥梁战略暨第二品牌战略"正式举行。FF公司创始人兼首席产品及用户生态官贾跃亭亲自向好莱坞巨星经纪公司 Born Leaders Entertainment 交付了第 13 辆 FF91 2.0 之后，在发布会上官宣马上将推出第二品牌 Faraday X（简称 FX），并表示即将推出两款 AIEV 车型 FX5、FX6。FFIE 的知名度已经经过多轮爆炒打响了知名度，推出第二品牌打造爆款车也是许多造车新势力使用的招数。

值得一提的事，当地时间 9 月 10 日，法拉第未来向美国证券交易委员会（美国证监会）提交的文件显示，FF 公司创始人贾跃亭薪资进行调整，年薪从 45 万美元增加到 68 万美元，折合人民币约为 483 万元。同时，贾跃亭还将获得 50 万美元的一次认可性奖金、81.6 万美元的年度可自由支配目标奖金，以及两笔超过 400 万美元的年度股票奖励。算下来，年薪加奖励一共有 599.6 万美元，折合人民币 4 253 万元。

同样的配方，同样的味道，别说看不透，猜也能猜得到，只是不知道多久以后，FF 公司会重蹈乐视网的覆辙。

以弱胜强，关键在于心理战。只要心理足够强大，就能有效运用这一计策。同时，还需要虚虚实实，把竞争对手绕得团团转，让他们在云里雾里找不到方向，更找不到出路，最终人财两空，而自己则能借此机会赚得盆满钵满。

想做大市值，多跟一级市场投资人谈谈

《三十六计》之"败战计"，第三十五计连环计，原文是：

"将多兵众，不可以敌，使其自累，以杀其势。在师
中吉，承天宠也。"

意思是一个计策连着一个计策，彼此关联，不是一招就露
出其本意，而是深藏不露，难以被对方发觉。其中，最著名的
案例是三国时期，王允想除掉专权强横的董卓，便精心布局，
先将貂蝉嫁给吕布，后来又将她献给董卓，最终导致董卓的干
儿子得力干将吕布气急败坏，杀掉了董卓。一环套一环，说是
美人计也可以，说是连环计也没错。

按语 庞统使曹操战舰勾连，而后纵火焚之，使不得脱。
则连环计者，其结在使敌自累，而后图之。盖一计累敌，一计
攻敌，两计扣用，以摧强势也。如宋毕再遇尝引敌与战，且前
且却，至于数四。视日已晚，乃以香料煮黑豆，布地上。复前
搏战，佯败走。敌乘胜追逐。其马已饥，闻豆香，乃就食，鞭
之不前。遇率师反攻，遂大胜。皆连环之计也。

从商业的角度而言，做任何举措不仅要有规划，步步为营，还要懂得变通，因时因地因人对规划进行改进，最终达到获利的目的。

连环计有时候是顺势而为，特别是在天时地利人和的情况下如何走，其行动策略可能会引领某个行业的发展方向。为了营造良好的国际环境，中国加入 WTO，对外资逐步开放，用时间换取空间，这也是中国的连环计。这一策略不仅推动中国制造业的不断升级，还使得各国纷纷发力招商引资，共同构建完整的产业链体系。

结合汇川技术董事长朱兴明的看法，随着时代的变化，中国制造业价值创造的方式正在发生改变。

在不求高质量只求能完成的阶段，传统行业倾向于降低物料采购成本，谁便宜就用谁的，只要不出事，能够差不多完成任务，且大致满足消费能力不高要求也不高的市场需求，侧重于成本控制，即 C（Cost，成本）。

到了自主研发和制造阶段，无论是制造者还是使用者，都开始追求降低包括物料、制造、服务和研发等在内的综合成本，即 TCO（Total Cost of Ownership，总体拥有成本）。

在突破阶段，中国制造业开始为客户创造出国外公司无法提供的性能价值，无论是高安全性和高速度，还是高精度，即

TVO（Total Value of Ownership，总体拥有价值）。这在光伏、风电、智能手机、盾构机、动力电池、高铁领域的成功尤为突出。这里有些产品对中国制造业产生了非常重要的影响，中国企业的成功靠的是对行业 Know-how（技术诀窍）的突破。

创造阶段已然到来，越来越多的产业不仅带来了行业突破，还给行业带来了颠覆式的创新，比如新能源汽车行业成功实现了弯道超车，这是结合了中国特色和规避了国外的知识产权钳制之后的明智选择。在这个阶段，所产生的是超级价值，即 STVO（Super Total Value of Ownership，超级拥有价值）。量变必将引发质变，中国在经历技术积累和研发投入后，也将实现制造业强国向创造业强国的华丽蜕变。

中国制造业的快速发展让国际其他国家压力倍增，例如，白俄罗斯的摩托车厂除了轮胎里的空气是自己国家生产的，其他所有的零部件都由中国制造，最后在白俄罗斯进行组装销售。

2022 年 8 月，拜登签署了美国《芯片与科学法案》及《通胀削减法案》，希望借此两项法案让美国制造业回流，回填美国空心化的制造业，再创美国的"黄金时代"。

与此同时，沙特等中东国家利用资本优势开始招商引资，实施包括减免所得税与增值税、加快签证办理流程、降低经济区内土地租金等更多支持措施，宣称将为外国投资者提供简化的创业流程、税收优惠和世界一流的基础设施，创造更有吸引力的投资环境。据此，沙特确实吸引了大批中国的新能源、无人驾驶等产业，独角兽企业远景能源、文远知行已经落地沙特。

现在看来，努力是有必要的，但想再次赶上中国的步伐，则为时已晚。因为产业的孵化转型升级并非一蹴而就，中国已经默默地在"建链、补链、延链、强链"上做了数十年，经济发展是硬道理，只争朝夕。

"这里的山路十八弯，这里的水路九连环。"国内外环境下针对创投机构的连环计客观上已经产生了比较消极的局面。从2018年开始，创投就没有过好日子。资管新规出台切断了银行对股权投资的通道，笔者曾经担任投资高管所在的机构——管理国内单笔管理规模最大2 000亿元的中国国有资本风险投资基金股份有限公司，该公司由中国国新控股有限责任公司、中国邮政储蓄银行股份有限公司、中国建设银行股份有限公司、深圳市投资控股有限公司共同设立。在成立两年半的时间内，公司投出了数百亿元，投资了包括寒武纪、旷视科技、孚能科技、长远锂科等多家百亿级上市公司，辉煌时代是所有战略新兴产业独角兽的潜在下一轮投资人。但是随着资管新规的出台，建设银行予以减资，邮储银行的份额转让给太平洋保险，管理规模和投资速度都瞬间跌至冰点。有同样遭遇的还有国新央企运营投资基金管理有限公司，单只基金管理规模设计在1 500亿元，浦发银行承诺出资 1 300 亿元，然而，出于同样的原因，出资并不畅，最终导致到位资金大幅缩减。

监管层鼓励保险公司进创投行业也没有见到真章，一是缺乏专业的股权投资人才，现有储备人才以资产管理或二级市场投资人才为主；二是风险厌恶型的资金属性和稳健投资要求，对项目标的准入标准要求比较严苛，很难在创业企业发展早期介入；三是投资渠道和退出机制并不完备，需要监管机构有全面统筹和支持协调，才能把相关细则确认并执行。

除了上述两家确实有大资金的机构之外，社会资本已经很久没有扮演 LP 的主要角色了。这并不是说这些资本都成了风险厌恶型资金，而是因为它们对未来退出投资收益的不确定性感到恐惧，这种感觉在短时间内是难以消除的。

针对股权投资总量开始萎缩的现状，国家也开始用"连环计"解救。

2024 年 6 月 7 日，国务院总理李强主持召开国务院常务会议，研究了促进创业投资高质量发展的政策举措。2024 年 6 月，国务院办公厅发布《促进创业投资高质量发展的若干政策措施》（即"创投 17 条"），已经让创投看到了春天似乎要来了。据新华社消息，会议指出，发展创业投资是促进科技、产业、金融良性循环的重要举措。要围绕"募投管退"全链条优化支持政策，鼓励保险资金、社保基金等开展长期投资，积极吸引外资创投基金，拓宽退出渠道，完善并购重组、份额转让等政策，营造支持创业投资发展的良好生态。要针对创业投资特点实施差异化监管落细税收优惠政策，支持专业性机构发展，处理好政府性基金和市场化基金的关系，充分发挥创业投资投早、投小、投硬科技的作用。

2024 年 8 月 29 日，北京市联合国家发展改革委、国家金融监督管理总局召开推进金融资产投资公司（金融 AIC）股权投资扩大试点座谈会。会议明确，鼓励金融资产投资公司等积极参与科创领域股权投资，畅通资金、资本、资产循环，促进资金加速向新质生产力流动。要紧紧围绕发展新质生产力，深入调研市场需求，做好优质项目储备，强化投早、投小、投长期、投硬科技，争取更多项目尽快落地。

2024 年 9 月 18 日，国务院总理李强再次主持召开国务院常务会议，研究促进创业投资发展的有关举措。会议指出，创业投资事关科技创新、产业升级和高质量发展。要尽快疏通"募投管退"各环节存在的堵点卡点，支持符合条件的科技型企业境内外上市，大力发展股权转让、并购市场，推广实物分配股票试点，鼓励社会资本设立市场化并购母基金或创业投资二级市场基金，促进创投行业良性循环。要推动国资出资成为更有担当的长期资本、耐心资本，完善国有资金出资、考核、容错、退出相关政策措施。要夯实创业投资健康发展的制度基础，落实资本市场改革重点举措，健全资本市场功能，进一步激发创业投资市场活力。

当地时间 2024 年 9 月 18 日，美联储宣布降息，旨在应对通胀和失业率过高的问题，并期望通过此举增加社会资本的投资力度。这一举措与我国促进创业投资市场的政策有异曲同工之妙。金价应声上涨，人民币还在升值，二级市场、一级市场和房价也开始蠢蠢欲动，准备发动攻势。上涨反弹能够持续多久，还要看政策综合配合力度，以及有没有产业能够挺身而出成为挑大梁的支柱产业。反正，左看右看，房地产肯定没戏，别的行业谁还能站出来，那就看造化了。

事实上，没有创业投资的支持，是不可能大规模孵化出能够产生税收的创业企业的。资本与实业是相辅相成的关系，而非单纯强调资本必须服务于实体经济，实际上，实体经济也同样需要资本。在日常经济活动中，资本反而相对于实业而言是甲方，实业屈居在乙方的位置。

二级市场退不出来，一级市场的投资者在投资时就会心里没底，变得谨慎再谨慎，就为了不拉低 DPI。让 LP 们放心把钱交给你管理的前提就是能收回本钱并赚取大利润，至少李强总理的讲话把二级市场的卡点堵点都作为顽疾指了出来。退出机制和退出的效益不佳，已经让创投界怨声载道，但即便如此，每年 A 股也就 100 家能够上市，不够前些年塞牙缝的，"退出堰塞湖"现象已经出现了。而且大批的投资机构开始与被投企业打官司，因为回购协议要求的周期到终点了，如果基金管理机构不打官司来解决问题，那就有被 LP 诉讼的风险，"先发制人，后发制于人"的道理还是深入人心的。

2024 年 9 月 24 日，中国证监会主席吴清表示，并购重组是资本市场的大事，资本市场通过促进企业并购进一步促进资源有效配置，当前在全球产业变革加快推进，我国经济结构转型升级加快推进的背景下，亟需发挥好企业并购重组的关键作用。新"国九条"对活跃并购重组市场做出重要部署，为进一步激发并购重组活力，在前期广泛调研基础上，证监会研究制定了"并购 6 条"，坚持市场化方向，更好发挥资本市场作用。将大力支持上市公司向新质生产力方向转型升级，开展基于转型升级为目标的跨行业并购，以及有助于补链强链、提升关键技术水平的未盈利资产的收购。

再融资和并购市场的放开，也是对二级市场产业结构进行调整的利器，默许跨主营业务行业进行并购，已经说明将二级市场的旧血换成科技战略新兴产业的新血是大趋势。新主不养旧臣，要把真正的新质生产力企业放到二级市场，待价而沽，让科技的光辉照耀股市，也算是循序渐进更新新兴产业证券化的招数，逐渐给了创投机构强大的信心。

　　落地的好消息还是传来了，号称"金融之母"的银行出手了。据公开资料显示，2024 年 7 月，上海银行、浦发银行与三大先导产业母基金管理平台上海国有资本投资有限公司签订合作协议，成立总规模 1 000 亿元的上海三大先导产业母基金发布。2024 年 8 月初，中国工商银行出手了工融金投绿能（北京）股权投资合伙企业（有限合伙）。该基金由工银投资与工银资本共同出资设立，出资额约 75.01 亿元。仅仅过了一周，中国工商银行再次出手成立北京国能工融强链股权投资基金，斥资约百亿元投资新能源。2024 年 8 月末，中国银行近日在国有大型商业银行中率先推进设立科创母基金，总规模 300 亿元。母基金由中国银行旗下中银证券担任发起单位和管理人，联合地方政府、产业龙头分批分期设立，将聚焦人工智能、量子技术、生物技术等重点领域，引导更多市场资源投早、投小、投长期、投硬科技。

　　不管怎么说，刻意降低资本在经济发展中的作用，确实是违背实际发展规律的做法，没有资本的推波助澜，哪有实业的迅速腾飞。创投的兴起，现在人才可谓一抓一大把，市场就差钱了。

　　春天，来了一遍又一遍，虽然尚未感觉到暖意，没有闻到花香，但也看到了国家振兴股权投资"连环计"的努力，十分期待在市场上能再见到信心爆棚的投资人，在股权投资基金账户里面能见到真金白银。

第九章

企业的败局根源
在创始人

创始人是一家企业成败的关键人物，创始人是召集者，集结号的吹号手，靠自身的个人魅力集结起创始团队，召唤来投资人的资金，规划出企业创业后的宏伟蓝图，赚到能够支付经营成本的"柴米油盐"，不断给团队加油打气。

　　创始人是一家企业的精神领袖，首先要自己充满自信，不管是盲目的，还是客观的，一鼓作气不允许有任何泄气的表现。然后才能有"他信"，让跟着自己的团队和兄弟们有创业的激情，有对成功渴望的信心，愿意全心全意扑到尚未成功且随时可能破产清算的事业中来。

　　企业文化的养成也完全跟着创始人的性格走，温良敦厚也好，阴毒狠辣也好，都会形成企业文化中的内核。不管未来是狼性的"稳准狠"，还是象性的步步为营，或者是羊性的不温不火，都会让企业因地因时因人活下去，或者壮大成超级大公司，或者只求生存做些小生意。不能期待每个公司都会做大做强，只求能够在颠簸的浪涛中活得自在，给创始人和员工留有一片跻身之所。

创始人和投资者都抵抗不了的攻心计

《三十六计》之"败战计",第三十一计美人计,原文是:

"兵强者,攻其将;将智者,伐其情。将弱兵颓,其势自萎。利用御寇,顺相保也。"

意思是说利用敌人自身的严重缺点,己方顺势以对,使其自颓自损,最终,己方一举得之。其中利用美色只是其中一种破敌方式。

按语　兵强将智,不可以敌,势必事先。事之以土地,以增其势,如六国之事秦,策之最下者也。事之以币帛,以增其富，如宋之事辽金，策之下者也。惟事之以美人，以侠其志，以弱其体，以增其下之怨。如勾践以西施、重宝取悦夫差，乃可转败为胜。

在商业战争中，一些创始人擅长找出投资人的痛点，并且他们个人也拥有独特的魅力，能够用这种魅力让投资人信服，从而顺势抬高公司估值，获取更多的利益。

有时候产品是一种商品，服务也是一种商品，从一定意义上来说，人有时候也是商品。既然是商品，那就有价值和价格，当价值和价格匹配时，就达到了最理想的交易状态。当价值没有被认可，导致卖方与买方价格的心理区间不能重叠时，就会有谈不拢的结果发生。这时，就需要有一些"催化剂"来调节双方价格心理预期的平衡。

2003 年，年仅 19 岁的美国 Theranos 公司创始人伊丽莎白·霍尔姆斯（Elizabeth Holmes）怀着高远的目标，将乔布斯和比尔·盖茨视为偶像，效仿两位前辈，在大二时从斯坦福大学辍学，利用自己在大学攒下的一笔钱和家里给的教育信托基金进行创业。

伊丽莎白·霍尔姆斯在接受美国广播电台采访时说："只需要从手指刺取几滴血，通过 Theranos 公司发明的设备，就能检测出数百个指标，筛查出包括癌症、糖尿病等在内的多种疾病。"肤白貌美的伊丽莎白·霍尔姆斯凭借超高的颜值和冷静的头脑，以及具备科学家素养的阐述方式，让 Theranos 公司通过这项"革命性的突破"瞬间引爆硅谷创投界，估值一度高达90 亿美元，伊丽莎白·霍尔姆斯被称为"女版乔布斯"。她还为血液检测提出了"一滴血改变一切"的口号，这一口号在投资和医疗圈赢得的赞美震耳欲聋。

伊丽莎白·霍尔姆斯靠着自己的魅力说服了她的邻居——一位风险投资从业者，并从邻居及朋友那里筹集到了 600 万美元的启动资金，完成了第一轮融资。在超绝的美女科学家魅力加持下，她也成了传媒业大亨默多克（Rupert Murdoch）和甲骨文的创始人拉里·埃里森（Larry Ellison）等大咖的座上宾，并且顺利拿到了他们的投资。同时，国际知名投资机构德丰杰（Draper Fisher Jurvetson）、ATA Ventures 也被她顺利拿下。

究其原因，一是滴血检测的故事确实诱人，市场也足够大；二是伊丽莎白·霍尔姆斯本人的魅力十足，有一套打动投资人的话术，越有钱的人越惜命，包括世界级富豪在内，他们特别重视疾病的早筛，其心理上已经倾向于被故事打动；三是利用产品研发出来与实际使用之间的空档期，夸大研发投入，利用 10 万美元采购的西门子 ADVIA 1800 全自动生化分析仪将其大肆宣传的"迷你实验室"数据做成了虚虚实实的数据结果；四是在美国境内设有 8 100 家连锁药店，全美最大的药品零售店 Walgreens 决定在其药店内成立 Theranos 健康中心（Theranos Wellness Centers），为伊丽莎白·霍尔姆斯提供了背书和支持。

真的假不了，假的真不了。2015 年，《华尔街日报》记者约翰·卡瑞鲁（John Carreyrou），同时也是普利策奖获得者，出版了一本书 Bad Blood《滴血成金》，全面揭露了这场"滴血成金"的骗局，让整个硅谷投资圈蒙羞，投资机构的资金基本都打了水漂，负责投资 Theranos 的项目经理也成为其职业生涯的败笔。2016 年 6 月 1 日，福布斯网站将霍尔姆斯的净资产估值从 2015 年的 45 亿美元下调至零。

2018 年 3 月 14 日，伊丽莎白·霍尔姆斯被美国证券交易监督委员会指控"大规模诈骗"，涉案金额达 7 亿美元（约合人民币 44 亿元）。霍尔姆斯没有承认或否认指控罪名，但放弃了对公司的主要投票控制权，同意缴纳 50 万美元罚款，10 年内禁止在美国上市公司担任高级管理职务。美国当地时间 2022 年 1 月 3 日，美国加利福尼亚州圣何塞联邦法院判处 Theranos 公司创始人及 CEO 伊丽莎白·霍尔姆斯 11 年零 3 个月有期徒刑，以及总额 8.04 亿美元的赔偿金，罪名是通过误导和虚假陈述公司血液检测技术的能力来欺骗投资者。

伊丽莎白·霍尔姆斯的"世纪骗局"也被拍成了电影，作为股权投资行业的前车之鉴，让投资从业人员予以警醒。

快速准确廉价的癌症检测筛查一直是人类健康生活的追求，2022 年 3 月，中国卫健委疾控局发布《关于开展 2022 年全国肿瘤防治宣传周活动的通知》，明确指出，各地要充分发挥相关领域专家作用，围绕"早"的防治理念，广泛开展防癌科普宣教，倡导早防、早筛、早诊、早治。未来，还会有多少创业者找到投资人们对健康和投资收益回报的"痛点"，快速从投资人兜里掏出钱来，不得而知。

美人计只是代指，并不一定要体现在用美色来吸引别人，美人计其实也是攻心计，打的心理战。完全可以是通过本身的综合素质和人格魅力来产生一种潜移默化的影响力，结合投融资的节奏，同样可以牵着投资人和合作方的鼻子走。在投资人眼中，被企业带着节奏走就已经输了一半。因此需要保持自己的独立判断，具备敢于放弃的勇气，不能在对企业尽职调查的过程中，过度投入情感"爱上"自己的项目。拿得起放得下，在投资行业中也是完全适用的。

就算知道这是局，也甘愿躬身入局。身居高位之人，他们并不是败给了美人计，而是败给了年少时的自己。无论是身价过亿的企业家，还是金融圈手握百亿基金的投资人，都见多识广，不会被单纯的美貌所吸引，更多的可能是在心里最柔软的地方留给了年少时的意难平、求而不得的"白月光"或者落难时的似水柔情，上当受骗，心甘情愿，眼神里只会透出清澈的愚蠢，不会再理性看待企业的发展和投资的合理性。

美人计也能造就一个产业的辉煌，笔者一直认为科技的终极要义就是解放人的双手和大脑，不要再费一点力气去做事情，因为有人工智能帮你去完成。只要加上硬件和千百年来大数据分析得出的劳动成果，还有不断深度学习自我学习的进步设置，就没有什么是人工智能不能涉足的领域。从某种意义上来说，"人工智能"成为新时代吸引资本投入的"美人"。

自从阿尔法狗下棋赢了人类之后，数据收集、清洗、分析、演进已经不是难事，算法和软件的进步只是赋予了不同硬件"灵魂和神经"而已。从已经开始失业的金融分析员，到那些能被机器人代替的各种危险、艰苦、枯燥的职业，比如消防机器人、电力巡检机器人、高墙清理机器人、搬家机器人等，太多的行业正面临被颠覆的变革。餐馆送菜机器人、酒店送物品机器人、政务大厅的咨询机器人等，这些已屡见不鲜的应用，不过是最简单的集成产品的代表。再高端一点的机器人技术已经冲向无人驾驶。汽车其实也是机器人的一种表现形式，可以带你智驾数千公里，自动泊车等简单动作更是游刃有余。

前一阵，笔者就见过做理疗按摩推拿的机器人，且亲身体验了一把。那力度和感觉与中医相比，相差无几。近期，有媒体报道老中医也要被把脉开药机器人所替代了。这似乎意味着，传统行业不需要那么多人才了，即便个人学习能力再强也难以超越人工智能。

脑机接口的推进不但让瘫痪的人站立行走起来，让失明的人见到彩虹，更让瞬间"填鸭式"教育和"洗脑"成为可能。再进一步，可能定制化人类。想要个钳工，那就把所有钳工的知识输送给他；想要化学家，就把诺贝尔的知识都传输过去；想要专职司机，就把驾驶科目还有十万公里不出事的老司机教程传帮带给他。各行各业都可以定制化人才，不再需要什么大学研究生，一步到位给你来个博士生导师的知识储备。

从某种角度来说，人工智能可以代替许多脑力劳动者。如果加上硬件，就能替代许多体力劳动者的岗位，所谓的"劳心者治人，劳力者治于人"已经成为历史。

科学是治愈一切烦躁的快效药。任何权力都不可能大过科学规律，我们能做的只有顺势而为，才有可能依靠投资积累的收益、在未来过上被机器人和人工智能改善的更舒适的生活。

科技毋庸置疑是第一生产力，要创业就要去吃科技的红利，可以考虑从投资角度介入，用尽全力破解科技企业在 IPO 过程中带来的财富自由密码。

商战打垮异军突起的竞争对手

《三十六计》之"败战计"，第三十三计反间计，原文是：

"疑中之疑。比之自内，不自失也。"

意思可以是将敌人派过来的间谍为我所用，也可指用计谋离间敌人的核心力量，最终获取胜利。

按语　间者，使敌自相疑忌也；反间者，因敌之间而间之也。如燕昭王薨，惠王自为太子时，不快于乐毅。田单乃纵反间曰："乐毅与燕王有隙，畏诛，欲连兵王齐，齐人未附。故且缓攻即墨，以待其事。齐人唯恐他将来，即墨残矣。惠王闻之，即使骑劫代将，毅遂奔赵。又如周瑜利用曹操间谍，以间其将，亦疑中之疑之局也。

从商业管理的角度而言，我们需要做好事前、事中及事后的防控措施。人是最不稳定的因素，虽然创业公司面临这样的问题相对较少，但尤其是在规模较大的企业中，产品研发和设计板块容易被商业间谍渗透，这很可能会数次影响重要的大额投标，更有甚者会影响公司的未来战略发展方向和生存发展。

商场如战场，每一次跟竞争对手之间的胜利都充满了惊险刺激，有一丝一毫的放松，都会让企业陷入万劫不复。举个真实的案例，2011 年，上市公司中青宝实际控制人李瑞杰在深圳南山区一家星巴克店内，对正在与其谈话的女律师大打出手，沙包大的拳头打得不过瘾，又抢起一把椅子砸向律师的脑袋，最终导致该律师鲜血横流，昏迷倒地，不省人事。在医院里，律师的头部缝了 6 针，颈部、背部、腰部以及双膝等多部位受伤，医院诊断证明显示其"脑震荡、头皮裂伤、急性腰椎间盘突出症"。这名女律师是美国计算机软件公司 Adobe 对中青宝提出控诉的法律代表，理由是 Adobe 公司认为中青宝没有支付版权费就使用其软件盈利，准备状告中青宝侵犯其计算机软件著作权，要求赔偿。而在腾讯科技对李瑞杰的采访中，他说："我只想表达一个态度，对于打伤的 Adobe 女律师，实际上代表的是 Adobe 的公司。（他们）不是真的来维权，或者不是真的来协商购买版权，而是在没有任何征兆下，搞突然袭击。在这之前，我们都清楚他们公司的个别律师一直用这种方法向企业收取所谓风险代理费，这确实是一个很不好的现象，我们希望这件事到此为止。"多么简单粗暴的表达方式，侵权还打人，上市公司实际控制人的素质也不过如此。

电影《无间道》大家应该看过，警察派到黑帮做卧底，黑帮也派人到警察队伍做卧底。在竞争激烈的大公司之间，商业间谍变得习以为常，有的是本身的员工被竞争对手收买，有的是通过面试进入等方式应聘进入竞争对手公司，涉及包括但不限于技术文件、销售信息、合同文本、管理制度等，兵法常言的"知己知彼，百战不殆"，也是商业间谍作为特殊派出员工的初衷。

商业间谍，防不胜防，保密协议也是防君子防不住小人。在北京知识产权法院公布的 2023 年侵犯商业秘密十大典型案例中，真实存在着为了一己私利将公司研发的成果拱手出让的例子。

赵某入职北京融七牛信息技术有限公司（以下简称"融七牛公司"）后，融七牛公司明确了赵某的保密义务，并对公司的商业秘密采取了保密措施。赵某将融七牛公司《市场花费台账模板 2018-7 月》Excel 文件等商业秘密违法披露给竞争对手北京智源享众广告有限公司（以下简称"智源享众公司"），智源享众公司获悉后主动联系其中记载的渠道商寻求商务合作。融七牛公司以赵某、智源享众公司的行为构成不正当竞争为由提起诉讼。

赵某声称涉案 Excel 表中列明的渠道商名单并非融七牛公司专有的合作方，他人使用这些渠道商信息进行推广不会与融七牛公司产生业务冲突，即便融七牛公司的渠道商名单泄露也并未给其造成实际经济损失。

根据融七牛公司的渠道商向融七牛公司反馈的关于智源享众公司工作人员范某同时期主动向其寻求合作相关内容、范某在商务沟通中所使用的截屏与融七牛公司《市场花费台账模板2018-7月》Excel表格的对应性、赵某在调查谈话记录中对整个事件的陈述，上述证据能够证实融七牛公司的涉案经营信息已经被智源享众公司获取和掌握。

并且，从利害关系上看，融七牛公司主张的涉案经营信息构成商业秘密，相关人员通过整体分析涉案经营信息便可以了解到融七牛公司信用卡业务推广服务所依托的市场拓展渠道，同业竞争者便能够免去从海量的市场主体中寻找优质渠道所需的时间成本、人力物力财力等花费，并可以借助其掌握的上述信息省去商务沟通成本，进而形成竞争优势。

最终，一审法院经审理认为，赵某的行为违反了2019年《反不正当竞争法》第九条第一款第三项的规定，某广告公司的行为违反2019年《反不正当竞争法》第九条第三款的规定，均侵犯了某信息公司的商业秘密，故判令赵某、某广告公司停止侵犯商业秘密行为、永久删除承载商业秘密的文件，赵某、某广告公司分别赔偿经济损失5万元、15万元，共同赔偿合理开支3.076 8万元。

由此可见，堡垒往往从内部更容易攻破。当面对巨大利益，而自己只需要付出一点小心机就能得到时，人心中的邪念便容易滋生。这种邪念未必是要将技术泄露给竞争对手，而是想做"老鼠仓"，自己当老板，成为当前公司的竞争对手。

2016年底，郑某林在担任音王公司研发部门负责人参与研发期间，产生利用公司"最佳的压缩器"技术另立公司自行生产数字调音台销售牟利的念头，并拉拢被告人丘某琦（音王公司电子工程师）等人入伙。

郑某林、丘某琦自2017年开始利用音王公司的技术设备试产样机，丘某琦还窃取了"最佳的压缩器"技术的源代码。2018年，被告人郑某林、丘某琦先后离职。郑某林的辞职理由是：在深圳的叔叔生病了，要前往照顾，但是还可以做音王公司的顾问。双方还签订了顾问协议，公司每月支付给郑某林8 000元顾问费。

2019年3月，郑某等4人共同出资在广东注册公司，他们建起了微信群，另3人是分别是公司的电子工程师丘某、电子辅助设计师文某、郑某的外甥贺某。利用郑某林离职时违反公司保密规定带走的存有"最佳的压缩器"相关技术资料，专门生产、销售侵权数字调音台。

在此"指导方针"下，郑某安排外甥贺某在音王公司学习数字调音台的安装、生产等技术，并安排已经在公司任职的丘某，趁"最佳的压缩器"技术的研发人员——德国工程师乌里来公司指导工作时，偷偷从对方的电脑中非法复制了"最佳的压缩器"技术源代码。至 2019 年 11 月案发，公司共生产、销售侵权数字调音台 1 205 台，给音王公司造成损失 91.43 万元。

用本案公诉人的总结是，郑某林等 4 人"领着公司的工资，偷了公司的技术，用着公司的原料，生产同类的产品，抢了公司的客户"。端着音王公司的碗，吃着音王公司的饭，还砸着音王公司的锅。

综合相关情节，四名被告人的行为均已构成侵犯商业秘密罪。宁波中院作出一审判决：以侵犯商业秘密罪，判处被告人郑某有期徒刑四年，并处罚金二百万元，判处被告人丘某、文某、贺某有期徒刑二年、缓刑二年六个月至有期徒刑一年，缓刑一年六个月不等，各处罚金十万元至五万元不等。

反间计的故事太复杂，可能出现在我们身边每一家公司，涉及商业机密的部分，都有可能被竞争对手觊觎。上市公司作为庞大的企业主体，知识产权被侵犯的现象十分普遍。

2024 年 1 月 15 日晚间，昀冢科技发布公告称，就涉及的 6 名被告侵害公司商业秘密事项向法院提起诉讼。据昀冢科技称，商业秘密 CMI 工艺产品（芯片插入集成）被泄露给竞争对手。

2023 年，深市创业板的存储器厂商江波龙状告离职后的两名员工卢浩、赵迎和其入职的深圳市晶存科技有限公司（以下简称"晶存公司"），指控这 3 名被告未经许可在 LPDDR3 芯片测试经营业务中使用了江波龙在案件中主张的相关商业秘密的技术信息。一审判决结果判定，三名被告需共同赔偿江波龙经济损失及惩罚性赔偿金，总计金额达 14 183 388.42 元。

　　《反不正当竞争法》对商业秘密进行了明确的界定，即商业秘密是指不为公众所知悉、具有商业价值并经权利人采取相应保密措施的技术信息、经营信息等商业信息。《反不正当竞争法》第九条明确列举了侵犯商业秘密的行为，其中包括："（一）以盗窃、贿赂、欺诈、胁迫、电子侵入或者其他不正当手段获取权利人的商业秘密；（二）披露、使用或者允许他人使用以前项手段获取的权利人的商业秘密；（三）违反保密义务或者违反权利人有关保守商业秘密的要求，披露、使用或者允许他人使用其所掌握的商业秘密；（四）教唆、引诱、帮助他人违反保密义务或者违反权利人有关保守商业秘密的要求，获取、披露、使用或者允许他人使用权利人的商业秘密。经营者以外的其他自然人、法人和非法人组织实施前款所列违法行为的，视为侵犯商业秘密。第三人明知或者应知商业秘密权利人的员工、前员工或者其他单位、个人实施本条第一款所列违法行为，仍获取、披露、使用或者允许他人使用该商业秘密的，视为侵犯商业秘密。"

　　2020 年 12 月 26 日，我国颁布的《刑法修正案（十一）》

在《刑法》分则的"第三章 破坏社会主义市场经济秩序罪"下的"第七节 侵犯知识产权罪"中，特别增设了一个新的条款，即第 219 条之一，该条款被命名为"为境外窃取、刺探、收买、非法提供商业秘密罪"，即"商业间谍罪"。具体内容为："为境外机构、组织、人员窃取、刺探、收买、非法提供商业秘密的，处五年以下有期徒刑，并处或者单处罚金；情节严重的，处五年以上有期徒刑，并处罚金。"

很多"碟中谍"的故事听起来很刺激，其实它们的实施过程只需三步：安插人员，偷走技术，人走楼空，这跟把大象装进冰箱里的步骤类似。

团队可走可留，企业必须是铁打的营盘

《三十六计》之"并战计"，第二十六计指桑骂槐，原文是：

"大凌小者，警以诱之。刚中而应，行险而顺。"

意思是借题发挥、旁敲侧击时，有时需展现强硬的态度，采用委婉示警的方式，才能得到想要的效果。

按语 率数未服者以对敌，若策之不行，而利诱之，又反启其疑。于是故为自误，责他人之失，以暗警之。警之者，反诱之也，此盖以刚险驱之也。或曰：此遣将之法也。

从商业管理和投资的角度来看，在创始人过于膨胀的时候，需要适时敲打一下；创始团队过于保守或者激进的情况下，也需要加火或者泼冷水。这其实是对人员心态上的一种风控。不过也要注意方式方法，如果太强硬则"太刚易断"，如果太温柔又达不到想要的效果，可以采用借古讽今或指责他人警醒对方的方式来实施。

爱因斯坦讲过，"我们不能用制造问题的思维来解决问题，我们一定要升维思考，跳出现象层面，回到根本层面去解决问题"。能成为公司高管和投资机构合伙人的人，智商通常都非常高，话里话外的意思应能听得出来。稻盛和夫说过，"一个人的觉醒，1%靠别人提醒，99%靠千刀万剐"。

2010 年 9 月 10 日，在阿里巴巴十周年庆典晚会上，阿里巴巴董事局主席马云宣布公司 18 位创始人集体"辞任"，阿里巴巴将由创始人时代进入合伙人时代。马云说："我们不希望背负过去的荣誉，明天我们将会重新应聘求职于阿里巴巴，和任何普通员工的一样，从零开始，为下一个十年继续努力。"

创业团队面临着很多问题，比如公司发展太快，而部分创始人未能跟上公司的发展步伐，导致他们的管理水平、技术水平、沟通能力等都停滞不前。尽管他们陪伴公司创业成长到一定规模，但是创始团队也一定意识到，如果再不改革，他们将无法推动公司的下一步发展，甚至可能起到反作用。于是乎，团队面临的选择是：要么就让创始人"下课"离职，要么安排他们去管理学院进行深造，给头脑充电后重新走上工作岗位。

对创始团队使用指桑骂槐计，令其自己知道问题所在并退居二线的最有名的案例，莫过于杯酒释兵权的赵匡胤。

后周显德七年（960年），陈桥兵变中，宋太祖赵匡胤被部下拥立，黄袍加身，自此登基称帝。

建隆二年（961年）七月初九，宋太祖赵匡胤怕手下大将拥兵自重，为防止"黄袍加身"的事情重演，采纳了宰相赵普的建议，开始谋划解除大将们的兵权。

赵匡胤在晚宴上借着酒劲儿对石守信等大将说："谁不想要富贵？有朝一日，如果你身边的人把黄袍披在你身上，非得让你当皇帝，搞个新国家，只怕是你不想造反，也由不得你们啊！"

一番话下来，大将们吓得纷纷磕头告罪。

通过一番威逼利诱，赵匡胤迫使大批实权将领交出兵权，回家养老，从而收回了大将的兵权。自此，赵匡胤把禁军等核心军队的将领换成自己更容易控制的手下。

据史书记载，开宝二年（969年）十月，宋太祖第二次"杯酒释兵权"，再度设宴，剥夺了手握重兵的将军与地方官吏的武将的军权，劝其退居二线养老。这次连武官都不信任了，而改以文官带军，将军权与财政大权全部集中到中央。

对公司而言，各种乱象都能发生，任何突发情况都不算稀奇，指桑骂槐的终极目的就是获取权力。国内外公司都存在核心创始团队甚至创始人被清出公司的情况，还有不少因此发生抢公章等争夺"物理权力"控制权的现象。

公章管理是行政工作中的大事，其作用如同企业的"签名"，是其日常运营中不可缺少的部分。公章的存亡不仅关系到企业经营的合法性和正常运营，还关系到企业的信誉和风险控制。

上市公司作为公众公司，买壳重组、举牌获取控制权等都是习以为常的动作，股权变更后发生管理层纠纷的概率也是非常大的。股权变更后，管理权一定会发生变更，这是可以预料的事情。庚星股份因为新老股东的交替，原有管理层被迅速替换。此前实控人中庚集团因为出现流动性危机，所持有的上市公司股权被冻结并法拍，而接管庚星股份的实控人浙江海歆借此机会入主，成为公司控股股东。

2024年8月1日，庚星股份发布2024年第三次临时股东大会决议公告，原董事会中的 8 名董事以及监事吴国均被罢免。

2024 年 9 月 4 日晚间，庚星股份发布公告称，公司原经营管理层有关人员尚未将公司印章、证照资料移交给公司现任经营管理层有关人员，公司印章、证照资料已处于失控状态，对公司正常运营造成持续不利影响。与此同时，庚星股份还发布了一份关于公章及证照资料遗失的公告。

据《每日经济新闻》报道，2024 年 8 月 28 日晚，庚星股份新任的管理团队在进行印章等资料交接时，与庚星股份原总经理汤永庐爆发冲突，汤永庐方扣留了约 20 个子公司印章。

据"中国网"官方财经账号"中国网财经"报道，汤永庐称，2024 年 8 月 28 日董事会结束后，新董事会成员带着 10 余人前往庚星股份全资子公司上海庚星能源（汤永庐为该公司法定代表人）办公室场地，在没有对原高管书面正式解除职务和员工面谈的情况下，擅自闯入各个部门并暴力围堵人力部、董事长办公室、财务部等多个部门，强行对各部门进行搜查。第一大股东还利用已经控制的新董事会掌控信息披露密钥，对外公告与事实不符的公章丢失情况。"我们全体在此声明：上市公司章证照安全完整存放于公司，从未丢失。"汤永庐认为，庚星股份新管理层 8 月 28 日晚上 8 点多派多人来办公室"抢夺"公章，原管理团队是出于保护上市公司利益的角度"保护"相关章证照。

同样发生过抢公章事件的还有上市公司南京越博动力系统股份有限公司（即 *ST 越博）。2024 年 1 月 12 日， *ST 越博原实际控制人李占江方面在接受《证券日报》记者采访时表示，根据 2023 年 12 月 11 日江苏省南京市中级人民法院做出的民事判决书，公司于 2022 年 12 月 7 日审议通过的《南京越博动力系统股份有限公司第三届董事会第十四次会议决议》被依法撤销，上市公司罢免李占江董事及董事长职务的行为被判定为无效。李占江恢复董事和董事长身份后，发现上市公司公章、深交所 UKEY 等重要财产仍被贺靖等把持，便组织上市公司向建邺区法院对上述重要财产进行了财产保全。只要涉及实控权的争夺战，必然会造成管理混乱，也必然会影响公司的正常经营，这是监管层和中小投资者都不希望见到的。2024 年 7 月 21 日晚间， *ST 越博发布关于公司股票终止上市暨摘牌的公告。

从法律角度看，抢公章这种做法是不合法的，不仅不可取，还可能构成抢夺罪。在公章失控的情况下，用该公章盖章的法律文件也应视为无效。如果要获得公章的控制权，应该通过诉讼等方式来获得，而不是冲动的抢夺行为。

国外对创始人"杯酒释兵权"的事件也屡见不鲜。

2023 年 11 月 17 日，世界知名人工智能公司 OpenAI 管理层突然宣布了一项重大人事变动，公司 CEO 山姆·奥特曼遭到解雇。公告称，解雇奥特曼是董事会经过深思熟虑的审查后作出的结论。奥特曼在与董事会的沟通中并非一直很坦诚，且履行职责时并未尽职尽责。董事会对他继续领导 OpenAI 的能力不再感到有信心。OpenAI 的关键人物、联合创始人兼董事会主席布洛克曼也随即辞职。原本有三位 OpenAI 内部董事，现在只剩下一位。

奥特曼在 X（原推特）上回应称："我热爱在 OpenAI 的这段时光，它改变了我，也希望它能改变世界。最重要的是我曾和众多才华横溢的人一起工作。关于下一步的打算，我晚些会有更多解释。"

不过，权力之争一向是此消彼长，十年河东，十年河西。被开除之后的奥特曼魅力十足，OpenAI 几乎全部员工签署公开信，要求董事会请奥特曼回来，否则就集体辞职加入微软。几天后，奥特曼便回归 OpenAI，重新被任命为 CEO，前董事会宣布解散。2024 年 3 月 8 日，OpenAI 发布博文，宣布新董事会的新增成员，奥特曼名列其中。布洛克曼也重新回到了 OpenAI。秋后算账也随之而来，奥特曼作为归来的王者也不会善罢甘休。据 OpenAI 介绍，2023 年 12 月任命的 WilmerHale 律师事务所已经完成了对 11 月发生的风波进行的审查工作，对 OpenAI 前任董事会成员、OpenAI 高管、前任董事会顾问以及其他相关证人进行了数十次采访，审查了超过 3 万份文件，并评估了公司的各种行动。这场闹剧最终以奥特曼及原有创始团队的大获全胜而告终。

奥特曼作为创始人，同样会被资本裹挟。在公司的估值、利润、收入不够形成诱惑的时候，大家不会去争夺。一旦出现了诱人的利益，就会引发权力的争夺，说白了，都是利益。不过不管怎么说，公司的业务是根基，在管理层最终尘埃落定之后，还是要把公司经营好，这样才能对股东和员工有所交代。

权力确实是个好东西，有权力就有利益。然而，仅凭权力还不够，还需要有效的执行，才能知行合一。一朝天子一朝臣，每个公司的实际控制人都希望实现对公司进行真正的控制，因此，他们会在管理层安排自己信任的人。在这里，单纯的能力强并不足以保证被任命，实际控制人更加重视的是那些既有能力又忠心耿耿的人。

打不过就换赛道重新上市

《三十六计》之"败战计"，第三十六计走为上计，原文是：

"全师避敌。左次无咎，未失常也。"

意思是打不过就跑，留得青山在，不怕没柴烧，不要拼尽力量与强敌作战。留下星星之火，方可燎原。

按语　敌势全胜，我不能战。则必降、必和、必走。降则全败，和则半败，走则未败。未败者，胜之转机也。如宋毕再遇与金人对垒，度金兵至者日众，难与争锋。一夕拔营去，留旗帜于营，豫缚生羊悬之，置其前二足于鼓上，羊不堪倒悬，则足击鼓有声，金人不觉为空营。相持数日，乃觉，欲追之，则已远矣。可谓善走者矣！

在资本的世界里，风口永远敌不过时间，每段时间都会有不同的风口出现，强劲的风吹高了企业估值，也有可能吹灭企业家和投资人的期望小火苗。英国科幻作家道格拉斯·亚当斯提出过科技三定律：第一，任何在我出生时已经有的科技都是稀松平常的世界本来秩序的一部分；第二，任何在我15—35岁之间诞生的科技都是将会改变世界的革命性产物；第三，任何在我35岁之后诞生的科技都是违反自然规律要遭天谴的。随风而动，随遇而安，投资人的方法论足够警醒，而投资意识可能会在多年的经验中被固化，放不下对原有帮自己赚到钱的行业的执念，又不想接受新出现的人工智能、大模型、人形机器人的高估值。于是不断在时间中观望风口，又不想走进风口。离开一线投资项目太久的话，人的观念会越来越陈旧，而不会变得越来越智慧。

截至 2024 年 8 月 31 日，2024 年共有 361 家 IPO 终止企业，其中 357 家主动撤回终止、2 家因财务资料未更新而终止、1 家审核不通过终止、1 家因未在规定时间内回复问询而终止。可见 IPO 之残酷，冰冷至极。

2024 年 4 月 9 日，双登集团股份有限公司（以下简称"双登集团"）保荐人撤回发行上市申请，深交所终止其创业板发行上市审核。8 月 27 日，双登集团向港交所递交招股书。双登集团是大数据及通信领域能源存储业务的全球领导者，专注于设计、研发、制造和销售储能电池及系统。根据弗若斯特沙利文的数据，2023 年，双登集团在全球通信及数据中心储能电池供应商中出货量排名第一，市占率达 10.4%。

据公开的财务报表显示，2021 年度、2022 年度、2023 年度以及 2024 截至 3 月 31 日止三个月，双登集团分别实现收入约为 24.40 亿元、40.72 亿元、42.60 亿元以及 8.08 亿元。同期净利润分别为，−5 365 万元、2.81 亿元、3.85 亿元及 9 158 万元。

4 月撤回材料的原因总体来说是，锂电池企业、铅酸电池企业尤其是用于储能方向的电池企业在 A 股 IPO 搁浅情况严重，企业为了募资扩产并补充现金流，在投资人的合力谋划下，不得不选择了另一条上市门槛较低、速度较快的赛道。

多数时候，上市窗口期并非企业所能够决定的，而是由国家政策方针以及监管部门据此对某些行业的审核宽松程度来决定。此外，审核时的上报企业数量，为其服务的券商、律所、会计师事务所的工作质量，以及行业随时可能发生的变化，都会成为影响企业上市的因素。一旦发现路走不通，抓紧换赛道，还是来得及的，因为政策不可能在短时间内发生太大的变化。在搞清楚监管层的想法之后，企业应趁着业绩还好，抓紧去寻找愿意投资的投资者，尽快成为公众公司，进行再融资，从而进入资金的正循环。

当企业面临抉择的时候，首先必须选择活下去，金融投资人士逐渐发现，这个行业已经不能满足多年积累的已经增长起来的物质文化需求，于是纷纷考虑转行。转完行才发现，每个行业都是围城，都看起来不错，进来之后也是一地鸡毛，比鸡毛掸子上的毛都多。很多人已经不求能够赚多少钱了，只是躺平，或者苟延残喘。找不到方向，找不到出路，找不到赚钱的办法。原来是吃啥有啥，现在是有啥吃啥。原来是哪里的鸡腿不能啃，现在是在哪里都啃不到鸡腿。根据券商中国记者的最新统计，2023 年金融行业从业人员的工资条呈现出下滑趋势。网传一个基金公司的消费行业研究员，因为兼职送外卖而事前没有和基金公司备案，结果被开除了。虽然，我坚持认为他是去一线搜集数据支撑调研报告的，但是他也拿工资啊，也属于斜杠青年的典范，只是未能处理好兼职与本职的关系。

之前所谓的流行语"斜杠青年"其实就是身兼数职，为了生活而奔波劳碌，送快递、送外卖、跑滴滴都不丢人，扛不起房贷房子被收回，扛不起车贷卖掉二手车，交不起孩子学费老人养老费，过节不能给对象买个包，过生日连蛋糕都不舍得买的时候，才是真正的丢人。合理合法的有钱赚、有钱花是不丢人的。

当你发现自己的命运无法掌控，未来又不确定的时候，最可控的就是自己的时间和自己的能力。经济形势下行的境况下，没有什么是确定的，也就是说很多工作都可能会超出你的能力范围之外。那时候就是你不得不离开的时候，所以要未雨绸缪，想想自己的退路和未来的出路。

网络上一直疯传，金融圈最近流行的七大转行趋势：

1. 理工科的金融人转回老本行，继续干"生化环材"、机械、半导体、计算机、医药。

2. 能说会道的文科金融人，转行财经博主＋带货。

3. 高考成绩亮眼的金融人，直接转行教培。

4. 搞竞赛保送的基金经理，转行竞赛辅导降维打击。

5. 博士毕业来金融圈的，继续去找高校教职。

6. 年轻没什么学历的金融人，可以去所有行业找找机会，大不了送外卖、开滴滴。

7. 投资能力确实强的，你手里肯定有本金，回家自己炒，炒好了你像徐翔一样自己成立私募，说不定你就是下一个总舵主。

当你想给年轻人忠告的时候，说明你已经不是年轻人了，甚至不懂年轻人，还要假装是过来啥都懂的人，只说，爱听不听，不听也就不听。

年轻人听到的忠告总结：

1. 吃得苦中苦，伺候人上人。

2. 干一行恨一行，三百六十行，行行都骂娘。

3. 机会留给有准备的人，所以没有机会别瞎准备。

4. 努力不一定成功，但不努力一定很轻松。

5. 先苦不一定后甜，那先甜一定是甜了。

6. 如果年纪轻轻都贪图享乐，那你老了会发现，基本没什么遗憾了。

走为上计未必能够走得对，如果壮士断腕放弃了自己已经占据优势的领域，而抽身前往另外一个自认为更加有前景的方向，也是一种战略选择。集中力量办大事，成败只能用时间来做判断。

战略布局是企业发展的指挥棒，汇川技术成立于 2003 年，目前市值1 600亿元，收入从2004年的1 100万元暴增至2022年的230亿元，增长了1 400多倍，幅度巨大，是中国最成功的企业之一。

日前，汇川技术在官微上公布了其董事长朱兴明在公司成立20周年庆典上的演讲实录。朱兴明提到了个人的发展，自己在美国工作年薪有几百万之多，为什么放弃条件优渥的工作去选择创业。并非自己在单位混不下去，而是希望有更高的追求。朱兴明认为中国有土壤、中国有需要、资源有保证，便毅然决然放弃百万年薪，踏上艰辛的创业之路，这是个人人生梦想未满时候的"走为上计"。

"走为上计"的成功例子有2003年的变频器矢量控制、电梯一体化控制器，继而在2010年上市之后研发出来的光伏逆变器、汽车空调、商用车电控、工业电机、传感器，到2016年之后投入研发生产的轨道交通牵引系统、新能源汽车电机、工业视觉以及工业机器人、工业软件等相关产品。每一步都是在原有的基础上稳住地位，然后蹚出新路子来做好市值管理，最终成为吃百家饭的上市公司。

朱兴明也重点提到曾经放弃光伏逆变器业务是失败的"走为上计"。他说："值得一提的是，汇川曾经位居中国光伏逆变器行业第二，但在2016年，我们放弃了光伏逆变器，这是汇川战略史上最大的失误，我们错失了时代的大好机会。这次失误本质上是我们对时代的认知不清，是我们的决心不够。所谓的资金不够或者缺乏优秀的团队，都是自我安慰的借口。"

在汇川技术放弃光伏逆变器的市场争夺后，曾经的"新兵"阳光电源2023年做到了150亿元收入，即使后来者还没有上市的公司古瑞瓦特，2023年收入也做到了70亿元。

所以，走为上计有的是走对了，有的是走错了。不过是非对错也没有判断标准，只在自己心里有杆秤衡量得失。

笔者有两位同行的故事可以分享给大家：

有位律师朋友老高，目前在国内顶级律所做到了高级合伙人位置，从事非诉讼业务，即在其职权范围内为当事人处理不与法院、仲裁委员会发生关联的法律事务。主业还是帮助企业在新三板、IPO、发债各个资本市场领域做顾问，出具法律意见。随着IPO进程的放缓，以及拟IPO企业上市的不确定性增加，加上律师事务所本身的经营问题，律师越来越难干了。跟着老高工作的一些小律师已经开始没有活儿干，想去考个MBA深造充电了。老高心里也没底，有房贷有车贷还有家庭要供养，不可能轻易逃避去读书，再说了，读书也需要花钱。本来已经没法开源了，节流就是唯一可以做的选择。最终，老高选择了转型，到一家创业公司做法律副总裁，负责与战略投资人协议的拟定签署流程，依托他为上市公司服务的丰富经验，对公司存在的历史沿革、知识产权、股权转让风险等问题进行全面梳理，工作比原来的还要忙。幸运的是，这家公司的估值已经高达数十亿，账上还有一批现金。只要不过量投入研发、投资和拓展销售渠道，小日子还能过两三年。于是乎，老高得到的是一份不太稳定的工作，还有一些不知道能不能变现的期权。

金融人士转型去上市公司做高管也屡见不鲜。9 月 18 日晚间，微波电真空器件龙头国光电气发布了一则关于变更董事会秘书的公告。公告显示，聘任王尚博先生为公司董事会秘书，任期自本次董事会审议通过之日起至公司第八届董事会届满之日止。根据简历，王尚博拥有近 10 年的公募基金研究员工作经验。自 2012 年 9 月以来，他先后在诺安基金、宝盈基金以及深圳创新投红土创新基金，担任交易员、分析师、基金经理助理和基金经理等职位。

走为上计多是被逼无奈的选择。想当年毕业分配到食品厂、肉联厂等国营单位的年轻人，因为看到前辈们每天平凡忙碌的样子，仿佛看到了三十年后的自己。雄心壮志未酬，他们自然不甘心，需要走为上计闯出属于自己的一片天。然而，人到中年，除非逼不得已，走为上计的策略已不是最佳选择。谋定而后动，出走必然有风险，尽量提前把风险消弭于无形，至少将其影响压制到最小，才敢把退休前的这十几二十年押到新工作上。

附录一　《三十六计》原文

第一套　〖胜战计〗

第一计　瞒天过海：备周而意怠，常见则不疑。阴在阳之内，不在阳之对。太阳，太阴。

第二计　围魏救赵：共敌不如分敌，敌阳不如敌阴。

第三计　借刀杀人：敌已明，友未定，引友杀敌。不自出力，以《损》推演。

第四计　以逸待劳：困敌之势，不以战；损刚益柔。

第五计　趁火打劫：敌之害大，就势取利，刚决柔也。

第六计　声东击西：敌志乱萃，不虞；坤下兑上之象，利其不自主而取之。

第二套　〖敌战计〗

第七计　无中生有：诳也，非诳也，实其所诳也。少阴、太阴、太阳。

第八计　暗度陈仓：示之以动，利其静而有主，"《益》动而巽"。

第九计　隔岸观火：阳乖序乱，阴以待逆。暴戾恣睢，其势自毙。顺以动《豫》，《豫》顺以动。

第十计　笑里藏刀：信而安之，阴以图之，备而后动，勿使有变。刚中柔外也。

第十一计　李代桃僵：势必有损，损阴以益阳。

第十二计　顺手牵羊：微隙在所必乘，微利在所必得。少阴，少阳。

第三套　〖攻战计〗

第十三计　打草惊蛇：疑以叩实，察而后动；复者，阴之媒也。

第十四计　借尸还魂：有用者，不可借；不能用者，求借。借不能用者而用之，匪我求童蒙，童蒙求我。

第十五计　调虎离山：待天以困之，用人以诱之，往蹇来连。

第十六计　欲擒故纵：逼则反兵，走则减势。紧随勿迫，累其气力，消其斗志，散而后擒，兵不血刃。《需》，有孚，光。

第十七计　抛砖引玉：类以诱之，击蒙也。

第十八计　擒贼擒王：摧其坚，夺其魁，以解其体。龙战于野，其道穷也。

第四套　〖混战计〗

第十九计　釜底抽薪：不敌其力，而消其势，兑下乾上之象。

第二十计　浑水摸鱼：乘其阴乱，利其弱而无主。《随》，以向晦入宴息。

第二十一计　金蝉脱壳：存其形，完其势；友不疑，敌不动。巽而止，《蛊》。

第二十二计　关门捉贼：小敌困之。《剥》，不利有攸往。

第二十三计　远交近攻：形禁势格，利从近取，害以远隔。上火下泽。

第二十四计　假道伐虢：两大之间，敌胁以从，我假以势。《困》，有言不信。

第五套　〖并战计〗

第二十五计　偷梁换柱：频更其阵，抽其劲旅，待其自败，而后乘之，曳其轮也。

第二十六计　指桑骂槐：大凌小者，警以诱之。刚中而应，行险而顺。

第二十七计　假痴不癫：宁伪作不知不为，不伪作假知妄为。静不露机，云雷屯也。

第二十八计　上屋抽梯：假之以便，唆之使前，断其援应，陷之死地。遇毒，位不当也。

第二十九计　树上开花：借局布势，力小势大。鸿渐于阿，其羽可用为仪也。

第三十计　反客为主：乘隙插足，扼其主机，渐之进也。

第六套　〖败战计〗

第三十一计　美人计：兵强者，攻其将；将智者，伐其情。将弱兵颓，其势自萎。利用御寇，顺相保也。

第三十二计　空城计：虚者虚之，疑中生疑；刚柔之际，奇而复奇。

第三十三计　反间计：疑中之疑。比之自内，不自失也。

第三十四计　苦肉计：人不自害，受害必真。假真真假，间以得行。童蒙之吉，顺以巽也。

第三十五计　连环计：将多兵众，不可以敌，使其自累，以杀其势。在师中吉，承天宠也。

第三十六计　走为上计：全师避敌。左次无咎，未失常也。

附录二　名词解释

1. GP（General Partner）：普通合伙人。有限合伙制基金中承担基金管理人角色的投资管理机构。

2. LP（Limited Partner）：有限合伙人。有限合伙制基金中的投资者。

3. 天使投资：是权益资本投资的一种形式，指对原创项目或小型初创企业进行种子轮的前期投资。

4. VC（Venture Capital）：风险投资。由风险投资机构投入到新兴的、迅速发展的、具有巨大竞争潜力的企业中的一种权益资本，即对成长期企业的投资。

5. PE（Private Equity）投资：私募股权投资。与上述 VC 的定义对比来讲，此处指狭义的私募股权投资。狭义的 PE 主要指对已经形成一定规模的，并产生稳定现金流的成熟企业的私募股权投资。而广义的 PE 指涵盖企业首次公开发行前各阶段的权益投资，即处于种子期、初创期、发展期、扩展期、成熟期和 Pre-IPO 各个时期企业所进行的投资。主要可以分为三种：PE-Growth，即投资扩张期及成熟期企业；PE-PIPE，即投资已上市企业；PE-Buyout，即企业并购，是欧美许多著名私募股权基金公司的主要业务。

6. PE FOFs：私募股权母基金。指将投资人手中的资金集中起来，分散投资于数只 PE 基金的基金。这种类型的基金可以根据不同 PE 基金的特点构建投资组合，有效分散投资风险。

7. 承诺出资制：承诺出资是有限合伙形式基金的特点之一。在资金筹集的过程中，普通合伙人会要求首次成立时先有一定比例的投资本金到位，而在后续的基金运作中，投资管理人根据项目进度的需要，以电话或其他形式通知有限合伙人认缴剩余部分本金。与资金一次到位的出资方式相比，承诺出资制大大提高了资金的使用效率。例如分三次分别出资 40%、30%、30%，每次出资相隔 6 个月。如果投资者未能及时按期投入资金，按照协议他们将会被处以一定的罚金。

8. 优先收益：又称"门槛收益率"。优先收益条款确保了一般合伙人只有在基金投资表现优良之时，才能从投资收益中获取一定比例的回报。通常当投资收益超过某一门槛收益率（有限合伙人应当获取的最低投资回报）后，基金管理人才能按照约定的附带权益条款从超额投资利润中获得一定比例的收益。例如某 PE 产品规定，在投资人首先收回投资成本并获得年化

5%优先回报的情况下，获取 10%的净利润作为超额收益分配。

9. IPO（Initial Public Offerings）：首次公开募股。指一家企业或公司（股份有限公司）第一次将它的股份向公众出售，也就是俗称的上市。通常，私募股权投资机构会期望以合理价格投资于未上市企业或公司，成为其股东，待企业或公司 IPO 后以高价退出，获得高额回报。

10. 并购：一般指兼并和收购。兼并指两家或更多的独立企业合并组成一家企业，通常由一家占优势的公司吸收一家或多家公司。收购指一家企业用现金或有价证券购买另一家企业的股票、资产，以获得对该企业的全部资产或者某项资产的所有权，又或者对该企业的控制权。并购也是私募股权机构的一种主要退出方式。

11. 联合投资：对于一个投资项目，可能会有多个机构同时关注，当多个投资机构决定共同投资该企业时，这样的投资方式被称作联合投资。一般来说，联合投资会有领投机构和跟投机构的区分，领投机构会负责分析待投资企业商业计划书的可行性，跟投机构则主要参与商议投资条款。

12. ROI（Return on Investment）：投资回报率。是指通过投资而应获得的价值，即企业从一项投资活动中得到的经济回报，涵盖了企业的获利目标。利润和投入经营所必备的财产相关，因为管理人员必须通过投资和财产增值获得利润。投资可分为实业投资和金融投资两大类，人们平常所说的金融投资主要是指证券投资。投资回报率＝年利润或年均利润/投资总额×100%，从公式可以看出，企业可以通过降低销售成本提高利润率，通过提高资产利用效率来提高投资回报率。投资回报率的优点是计算简单。投资回报率往往具有时效性——回报通常是基于某些特定年份。

13. ROE（Return on Equity）：净资产收益率，又称股东权益报酬率、净值报酬率、权益报酬率、权益利润率、净资产利润率。是净利润与平均股东权益的百分比，是公司税后利润除以净资产得到的百分比率。该指标反映股东权益的收益水平，用以衡量公司运用自有资本的效率。指标值越高，说明投资带来的收益越高。该指标体现了自有资本获得净收益的能力。

14. IRR（Internal Rate of Return）：内部收益率。是资金流入现值总额与资金流出现值总额相等、净现值等于零时的折现率。

15. Hurdle Rate：门槛收益率。基金设立时即设定的给基金管理人支付收益分成时，基金需要达到的最低收益指标，实际收益达到该最低回报率之后即可获取收益分成，则基金管理人就不可获取收益分成。

16. CI（Carried Interest）：附带权益。基金的投资回报中超过门槛收益率外由基金管理人获取的业绩提成部分。

17. FOF（Fund of fund）：基金中的基金，是一种专门投资于其他基金的基金。

18. FA（Finance Advisor）：融资财务顾问。企业通过聘请专业的财务顾问，依靠其专业的财务知识和丰富的经验，为企业提供融资方案设计、融资渠道拓展、融资谈判等一系列服务，以实现企业的融资目标。

19. S 基金（Secondary Fund）：在私募股权投资领域，S 基金是一类专门从投资者手中收购另类资产基金份额、投资组合或出资承诺的基金产品。

20. 一级市场：也称发行市场或初级市场，是资本需求者将证券首次出售给公众时形成的市场，是新证券和票据等金融工具的买卖市场。

21. 二级市场：是指在证券发行后，各种证券在不同的投资者之间买卖流通所形成的市场，又称流通市场或次级市场，主要功能在于有效地集中和分配资金。

后 记

兜兜转转在金融行业待了近二十年，我经历了 IPO 暂停、金融圈反腐、股市 6 000 点的辉煌，也经历过投行从鼎盛到低迷的轮回。

市场一直都在，二八定律亦然，越是身处强大的平台中，越能感受到虹吸效应。各个行业向来都是不公平的，向来也都是公平的。不公平源于，在某个阶段，你并非处于优势地位的抱怨；公平源于，在某时某刻某人不能改变所处的平台和自身的地位。

十年河东，十年河西，讲的不是市场变化，而是你自身在行业中的位置和看待事物的心境变化。黑格尔说过，存在即合理。如何在合理的场景下，发挥你最大的主观能动性，是智者之思。谋定而后动并非适用于全部"战争"，有时候，灵活多变、主动出击也是一种有效的策略。正如俗话所说，"乱拳打死老师傅"，时机往往不讲逻辑，也没有规律可言，这就是所谓的"时也命也运也"。准备与否，是一种情况；"赶鸭子上架"、拔苗助长也是一种情况。李连杰的电影《中南海保镖》里有一句话，"感情来了，功夫再好也挡不住"。运气来了，即使你还没有准备好，也会被时代的风潮裹挟而扶摇直上九万里，不用在乎停下来的时候是否会尘埃落地，关键在于把握辉煌时刻，积累更多资本，增强自身实力。

没有人能够预测未来。因此，我们应该珍惜当下，对于那些能够让自己舒服惬意，能够让自己感受到来这世上不白来一遭的工作、生活、感情，都应该用心感受，努力去经营。

投资做多了，"画大饼"可以看，但是千万不要指望它能解决实际问题。如果真需要靠画大饼充饥，那就一定要给我一个时间期限，或者给我一个成立的条件，否则大饼再好看也只能刺激你流口水，不能帮你填饱肚子。

写书是在我能力范围内可控的事情，即使面临困境没有饭吃，也能靠写书换取生活所需；即使无事可做，写作也可以帮我梳理思路，探寻未来的方向。对于当下不可控的事情，我们不必投入过多的精力，而应找到一两件自己能够掌控或者愿意为之改变、为之行动的事情，否则人生不仅会充满不确定性，也会显得过于乏味。

完成这本书后，它将是我的第七部作品。我没想过著作等身，也没想过达到"立言立德立行"的高度，只是想直抒胸臆，把经验和教训以及感悟写出来，让读者有所触动，有所深思，哪怕只是获得一点点启发，对我来说也是一种莫大的满足。

生命之美在于它的不可预期，未来在我们自己手中，把握现在，便是影响未来。

于智超

2025 年 1 月于北京